U0164504

古事尋源

殖民地以外你要知道的事

香港古事記 著

古事　目　錄　尋源

第一部分　港式古事

古事　目　錄　尋源

港　古　文　化

土　地　解　謎

第二部分　探　古　尋　廟

現代香港應從何說起？

　　英國統治了香港多少年？很多人都會很自然地答：「由 1841 年起，一百多年啦。」

　　可是大家不要忘記，香港約有九成土地，是自 1898 年英國租借新界後，才納入英屬香港版圖的。這即代表香港大部分地方，受英國的統治，是少於一世紀。

　　以前英屬香港政府，以及近年許多有強烈香港認同的人，他們口中的香港史，都是如此簡單的線性發展：香港原本只是小漁村小農村，後來受到英國統治，愈來愈多人從中國移到這裏，此後香港就愈來愈繁榮。經過 1941 年香港保衛戰及三年〇八個月的苦日子，香港重光，再到 1949 年前後中國內戰與政權易手，大量難民湧港，然後大家在獅子山下努力奮鬥，終令香港發展成為國際金融中心、東方之珠……，然後出現的畫面，就是維多利亞港的璀璨夜景。所謂的「獅子山下」也是指獅子山以南的「市區」，而不是獅子山以北的新界「郊區」。

　　不論是 1997 年前還是今日香港的中小學教科書或官方出版物，都強調香港是「中西文化共融」。先不論「西」，那個「中」究竟是指什麼？就以食為例，到底是指食「圍村盆菜」，還是食「海底撈」？是食「避風塘炒蟹」，還是食「X 仔雲南米線」？

　　《古事尋源——殖民地以外你要知道的事》這本書，是講述今日叫做「香港」的地方，在完全納入英國統治前的歷史。雖然這本書名

爲《古事尋源》，但從嚴格的歷史學角度看，這本書所記述的事情，大部分都是於「近現代」發生的，即是約一千五百年之後的事。所以，你會在書中讀到葡國人東來在屯門上岸的歷史；會讀到 1841 年英國統治香港島後，維港對岸的九龍有何社會變化，以及由此引起的中英外交糾紛；會讀到今日叫做「新界」的地方及其附近，村落之間的械鬥會用上火炮，而此等衝突，又和傳統中國晚期的社會變遷（人口激增、參與全球貿易等）很有關係。

總之，要了解今日香港的社會和文化，就不能只將眼光局限於英國統治的歲月，亦不能只着眼於維多利亞港兩岸，而是要開闊眼界，看得再久遠一些，視點再寬闊一些。否則，很多生活常事，如「圍村盆菜」和大家行山時常到的各條「古道」等，其起源故事都無從說起了。

作者的學士、碩士都是主修歷史，他以大量學術研究著作以至一手史料爲據，用流暢易讀生動有趣的文筆，簡明地介紹了香港重要的「古事」，實在是不可多得的公衆史學著作。不但是一般讀者，即使是專業的香港史研究者，也能從閱讀此書中有所得着。

我們今天知道的，他們明天未必知道

　　多年前有緣認識作者時，他已是一名早熟的高中文藝青年。後來得知他到海外研讀歷史，以學術事業為志，我便一直關注他的發展。香港人的故事，近年受到愈來愈多年輕人和公眾關注，然而作者卻在專欄簡介中寫道：「這裏沒有集體回憶。」關於香港的懷舊掌故，多年來已有不少作家專攻，但風格上難免讓人停留於「懷緬過去」的層次。今天更多人想要討論的，可能是城市的過去，如何與我們身處當下的現實相互對照，而這似乎不是舊年代寫作人的主要關注。適逢香港社會巨變，新時代下的香港史論述，的確有了重生的內在動力。相較傳統媒體，受年輕一代歡迎的社交平台，不少用心經營的專頁紛紛湧現。無名的作者群，結合文字、圖片和影像，正在默默耕耘各自的園地，打開一片自由土壤重新出發。

　　建構一個地方的歷史論述，以至編寫屬於特定群體的共同記憶，絕對是極艱難的任務。具備歷史意識的公民，包括少數以歷史學為專業的知識人，雖然或者較能看清現實，但要在生活上實踐史學精神，以知識面向大眾和下一代，則是其中的極少數。劍橋大學歷史系出身的夏思義博士（Patrick H. Hase），1970 年代畢業後到港任職政務官，同時專研英國佔領新界之前的鄉村歷史，居港近五十年的他終於選擇離開，但仍心繫香港歷史研究。人到晚年，他將畢生研究所得重新整理出版，為的只是盡力重現可能早已被遺忘的歷史片段。對一代人來說，一些顯而易見的事實（obvious truth），未必永遠都是眾人皆知的史實（historical facts）。他在訪問中強調，他書寫的歷史正是消失中的歷史（disappearing history）。

《古事尋源》一書以通俗直白的筆法撰寫，雖未見嚴謹的學術格式，或提出前人未有的觀點，但作者將略嫌晦澀的史料重新整理，糅合時下社會熟悉的概念，或流行文化的用語，加上將個人實地田野考察所得，讓一般讀者或年輕學生，得以淺嘗蘊含歷史視野的短篇閱讀，正是此書的價值所在。從香港海盜的事迹可以看出掙扎求存的冒險精神，比較殖民時代前後的法制可以看出一地兩制的濫觴，探尋新界圍村傳統令人反思民間身分認同，穿梭古今看地方故事、生活文化、女性形象、歷史遺蹟。以上種種，雖然未必能互相扣連以展現一幅整全的歷史圖像，但至少為讀者梳理出觀看香港往事的不同角度，其中可見作者著書立意。

官方由上而下進行的初中歷史科課程修訂，歷經數年，今天已成為課室裏教師施教的新課程大綱。歷史科（過往多被稱為「世史科」）裏的香港歷史散落在不同學習階段，成為割裂的片段。相比地位要高一等的中國歷史科中，香港更是歷史長河中微不足道的課題。如何啟發學生研習香港歷史的興趣，以及在教科書的大論述以外，了解香港史的不同面向，這雖然是前線歷史教師的責任，不過同工們若能借助《古事尋源》的短篇小故事，相信莘莘學子絕對能拓闊他們學習歷史的視野和眼界。

自 序
未竟的香港史

這一生大概會被問三萬六千八百〇四次:「為什麼要研究香港古代史」?

雖然受現有資料所限,我們對香港比較有多點認識的時期,最早只到五、六百年前,而在嚴格史學定義上,五百年內的東西其實也算是「近現代」(early modern),但在香港史的範疇,筆者還是比較習慣稱之為古代史。

其實,要寫香港史的話,殖民地時代有很多方向可以寫,資料也比較豐富,亦有很多有趣的話題。講起香港歷史,絕大部分的人都會馬上想起殖民地時代,不研究殖民地時代,那還要研究什麼呢?但「講到香港史就想起殖民」這件事本身,不就是一個很好的理由嗎?香港除了成為殖民地,受外來統治之外,還有沒有其他可能?

殖民地以外,還有什麼是我們需要知道的呢?

如果要問香港歷史的起點,不少人還是直覺地回答 1841 年,香港開埠之時。很多學者都如此主張,因為「香港」這個概念,也是因為殖民地才出現的。若香港史真的只能從英治起計,那麼 1841 年之前的這一千一百〇六平方公里的土地到底是什麼?還有,1841 年的香港只包含香港島,九龍也是 1861 年才成為香港殖民地的一部分,更遲至 1899 年才有「新界」。1841-1861 年間的九龍又算不算是香港?1841-1899 年之間的新界又算不算是香港呢?

二十多年前，蕭國健等幾個學者編成了一本大書，叫做《香港6000年》，一下子將香港歷史從一百八十年拉長到六千年，比中國自稱的五千年歷史還要長（雖然近年也開始有人說中國有六千年歷史）。一地之歷史有多長，從什麼時候開始，其實本來就是各家自有說法，也無分對錯。

　　不過，筆者有一次接受媒體訪問，記者就問了一個問題：「為什麼國家建構歷史，總是想將源頭拉得愈久遠愈好？」就像中國歷史不會由 1949 年寫起，法國歷史也不是由 1958 年第五共和才開始的，美國歷史也要講革命前的時代甚至是原住民的時代，就連新加坡，官方的歷史都從公元三世紀開始，殖民地只是「現代新加坡」的開端，而不是「新加坡的開端」。

　　從來沒怎麼想過這個問題，當下只能含糊過去。但過了幾個月，我想我有些頭緒了。要建構一地之歷史，其實精確的年期並不怎麼重要，並不是說「我有六千年歷史而你只有五千九百九十九年半，所以我才是最古老的國家」。相反，正正是要一個十分模糊的數字，才能製造出「自古以來」的形象，達到這個國家想要的效果。因為對一般人來說，「六十年前」是一個很容易理解的時間，「大概就是我阿公的時代吧」；「六百年前」也勉強可以，「應該是兩、三個朝代以前吧」；但「六千年前」到底是什麼概念？就只能是「古已有之」、「一直以來」。

這其實是「正統」的問題。「一直都有」的東西，很難被質疑；但「近期出現」的東西，就會引來很多不同的詮釋。不會有人懷疑五千年歷史的中國、兩千多年的英國和六千年的印度是否擁有自己的文化和文明，因為這些國家「一向」都有自己的文化；但只有百多年歷史的香港，百多年前才由英國人和中國人一起「創造」了「中西合璧」的文化，而在此之前，則只是小漁村。

　　所以，到底為什麼要寫香港史的書，卻不講殖民地？如果你和我一樣，對「英治之前香港只是小漁村」的說法有過懷疑，你就會明白了。

　　是為序。

港式古事

汪洋大盜

一把私鹽和幾個孝子的故事：
張保仔之前的海盜

香港，在歷史上從來都是一個充滿海洋性格、每天與大海為伍的地方。觀乎東亞，凡是海洋性格強烈的地方，幾乎也必然與海盜扣上關係。像是台灣的林鳳、蔡牽、日本南部的阿只拔都、福建的鄭芝龍、鄭成功等。香港，自然也不會例外。

走私釀成的悲劇

我們的故事從大嶼山說起。十二世紀的大嶼山，是一個走私基地。這裏的人，靠製造和走私一種白色結晶粉末糊口。雖然這種粉末在全東亞都有極龐大的需求和市場，但在宋王朝官府的嚴厲壓制下，大嶼山的島民仍過着艱苦的生活。1197 年，稅務局局長拿着稅單找上門……抱歉，是廣東提舉大人（也就是地方課稅官員）帶着水師到大嶼山打擊走私。但這些走私集團以萬登和徐紹夔兩人為首，竟舉兵反抗，拿起「架生」就直接將政府人員趕走了。他們或許也知道官府不可能這樣放過他們，於是乾脆揭竿起義，直接殺往廣東。他們一路長驅直進，據記載已殺敵「一百三十餘人」，兵臨廣州城下。廣州方面於是急召福建水師來援，更帶來了當時最先進的「火箭」武器，這群大嶼山人幾乎毫無招架之力。中國的水師將萬登一行人趕回大嶼山，然後以大軍

登島。據文獻記載，中國官兵上岸後「盡殺島民」，不留活口。如果這些記載屬實，那麼此事可能是香港史上其中一次最慘無人道的悲劇。

曬鹽也犯法？

如果你以為政府針對的是什麼大奸大惡，就錯了。他們走私的那種白色結晶粉末，是鹽。曬鹽也犯法？沒錯，當時宋朝禁止私曬食鹽，只有官方鹽場的產品才可以合法流通，地理上最近的官方鹽場，是位於今天土瓜灣至觀塘一帶的九龍官富場（觀塘原本叫作官塘，有傳就是「官方鹽塘」的意思）。在古代，鹽本身雖不值錢，但由於需求龐大，鹽的貿易卻是最有利可圖的。為什麼老一輩會說「我食鹽多過你食米呀」？因為鹽在古代尋常人家的用量，要比今天大得多，但凡保存食物、調味、手工業等等，無不需要用鹽。既然如此，也就難怪當時的人即使冒着生命危險，也要私下曬鹽了。

大嶼山屠殺後，相傳萬登和徐紹夔率眾倖存者逃到南方一小島上，並將這座島名為老萬山。而官府則派遣「摧鋒水軍」佔領和駐紮大嶼山。一段時日後，宋朝政府還將人煙稀少的這座島賞賜給一個名為李昴英的番禺官員，作為他家族的「食邑稅山」。他的後人一直持有大嶼山大部分的土地直至 1899 年香港接管為止。如今在梅窩，還可以找到標示他們領地範圍的「食邑

稅山碑」呢！

時間快轉四百年，這個時候香港出沒的海盜，以外來人為主。首先登場的是林道乾集團。林道乾出身潮州，是十六世紀有名的海盜。麾下五千多人，他曾虜掠福建、台灣等地，也南下廣東，甚至是馬來亞的北大年。在 1580 年前，林道乾的大軍也曾經控制過香港一帶水域，以收過路費為主。凡是在經過這片水域往來廣州的商船，都要向他繳交路費，否則就會被海盜攻擊。

愛妻豁出去，以身代夫

與林道乾同期的又有一個何亞八，是東莞人，也同樣活躍於廣東沿海和南洋。1551 年，他出海一路北上到深圳準備幹一番大事，途中經過後海灣，仍不忘綁架了一名為廖重山的人。這個廖重山屬於地主宗族上水廖氏的一員，何亞八知道上水廖氏的財力，於是向他勒索巨額贖金。廖重山的妻子聞訊隨即奔來，不忍丈夫在賊船上受苦，於是提出以身代夫，讓廖重山回家籌措贖金，並將指甲和一撮頭髮交給他。待得廖重山回來，在岸邊找人打聽，才知道原來妻子早在上船當日已經投水自盡。廖重山終於明白妻子留下指甲和頭髮的用意，傷心欲絕，只得回到上水將指甲和頭髮安葬，並將愛妻之墳名為「招魂墓」，希望有日妻子的指甲和頭髮可以把她的魂魄招回來。上水廖氏族人如今仍會定期拜祭。

兒子也豁出去，以身代父

　　十六世紀海盜之多，決不只兩幫人。原來還有一位林鳳，遊走於廣東、台灣和菲律賓之間。在何亞八事件十多年後，林鳳的隊伍來到大埔吐露港，並登岸綁架了一名姓鄧的村民。這位村民有一個叫鄧師孟的兒子，居然又自願走上賊船，聲稱要取代父親成為人質。豈料父親被放後，鄧師孟卻大叫一句「啲細佬都生性架喇，唔使掛住我喇」（原文：諸弟堪事，勿以兒為念）就跳海死了。官府其後嘉許鄧師孟的孝行，今天龍躍頭松嶺鄧公祠內還有「明鄉賢孝子鄧師孟」的神位。過了不久，林鳳又擄走了另一名鄧姓村民，然後其子鄧孔麟又來以身代父，又來跳海，但今次鄧孔麟沒死，他是在被帶到潮洲後才跳海，卻居然有本事游回家。

　　看到這裏，我想大家都對上述的幾個故事有很多疑問，我也是：林鳳已經中過一次伏，為何鄧孔麟來以身代父時仍放行？不怕又跳海嗎？而在潮州可以游泳回到大埔，鄧孔麟明顯有過人的體力。最重要的是，如果我們看中國沿海各縣的地方志，十本有九本都記載着十分類似的故事，或許是巧合，或許當時遇上海盜綁架的流行做法就是以身代父，不然就是這些故事的水分有點多了。但似乎當時社會相當受落於這種「孝行」和「賢妻」故事，不然也不會受到官府的正式嘉許。或許也就是這種社會，才會炮製出鼓吹以慘無人道方式「盡孝」的《二十四孝》故事吧。

張保仔（上）：
陷入一場三角不倫戀

　　香港最為人熟悉的歷史人物之一，大概就是張保仔了。小時候去長洲郊遊必定要進入張保仔洞探險，總覺得自己會找到前人找不到的寶藏，或至少要找到藏寶圖。連穿梭維港的遊客船，也要命名為「張保仔號」。至於近年某電視台拍的張保仔題材劇集，慘不忍睹，不必再提。要說張保仔的故事，必須先說：長洲、南丫島、舂坎角和塔門的張保仔洞，都是假的。張保仔沒有留下任何藏寶圖，也沒有用山洞作據點。而港島半山上的「張保仔古道」，就更非屬實──汪洋大盜，上山開路作什麼呢？

　　張保仔的故事，從來都不是單一個梟雄的故事，而是一部前所未見海上王國的興衰史。或許我們應該從明朝鄭芝龍說起。鄭芝龍是閩南人，但青年時曾到澳門生活，當時的澳門，已經是葡萄牙的殖民地了。鄭芝龍很快出人頭地，成為往來葡屬澳門、荷屬台灣和日本長崎的商人。貿易以外，鄭芝龍的船隊同時也發展成一支龐大的海盜艦隊，劫掠中國沿岸，也不放過來自菲律賓和蘇門答臘的商船。後來鄭芝龍在長崎誕下一子，就是鄭成功了。

被遺落的部下

　　時間跳到明朝的分崩離析，滿洲人的清帝國征服了中國。鄭芝龍和鄭成功父子在對清帝國的戰爭接連失敗，最終只得將目光投向荷蘭人統治的台灣。在鄭成功遷往台灣的過程中，一些部下並沒有跟上，轉而流落四方。鄭建，是其中一位。跟不上攻打台灣的隊伍，鄭建帶着自己的船隊南下，來到一個叫鯉魚門的海口。沒錯，就是你想的那個，在維多利亞港北岸的鯉魚門。鄭建在鯉魚門建立了據點，繼續做海盜的老本行。鄭建的後代也繼續在現今香港水域從事海盜行業，包括孫子（有說是曾孫）鄭連昌和鄭連福。當時的海盜並不如加勒比海盜般搶掠沿岸村莊，而是以收取商船過路費和綁架人質勒索贖金為主。讀者們或許想問，當時香港還未成為英國殖民地，有這麼多外國商船可以劫掠嗎？是的，根據《東印度公司編年史》，第一艘英國船艦，在 1629 年就已經來到香港了，還不算葡萄牙曾經在大嶼山建立殖民地呢。

　　話說回來，雖然各個張保仔洞都是假的，但硬要找出一個海盜遺蹟的話，倒可以去鯉魚門，因為鄭連昌在那裏蓋了一間天后廟，至今仍存，是三級歷史建築。海盜事業到了鄭連昌和鄭連福一代，已經是南海稱霸一方的力量。

　　這時候，要談談越南的西山起義。話說越南的後黎朝當時

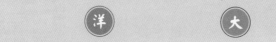

政治紛亂，南、北部分別為阮氏和鄭氏政權把持。來自西山地區的人們開始揭竿起義，很快打敗了阮、鄭政權，也擊退了分別來自暹羅（泰國）和清朝（也就是乾隆所謂「十全武功」之中的「平安南」）的入侵。為什麼要提起越南的起義呢？原來為了對抗清朝的入侵，剛建立的西山王朝急需一支現成的海軍。而又有什麼比直接招攬強大的海盜更方便的呢？英國之所以能打敗西班牙的無敵艦隊，靠的也就是海盜。於是，鄭連福的兒子鄭一，就從海盜頭目搖身一變成了越南水師的「總兵」，而鄭連昌的兒子鄭七也當上了「都督」。是的，香港賊王跑到越南變成海軍司令，這聽起來荒誕異常的事，確實發生過。

海盜聯盟正式成立！

但好景不常，西山王朝很快被東山再起的阮氏政權打敗，鄭七也被殺。鄭一於是把剩下的「水師」組織起來，重操故業成為海盜。這群海盜分為六股，即鄭一的紅旗幫、東海霸的黃旗幫、烏石二的藍旗幫、金古養的綠旗幫、郭婆帶的黑旗幫和梁寶的白旗幫，彼此結盟，規定活動的範圍和分贓方法等，相約互不侵犯。鄭一的紅旗幫的「業務範圍」，自然就是家鄉一帶的珠江三角洲了。以鯉魚門和赤臘角為基地，鄭一的海盜事業愈發壯大。據說電影《加勒比海盜：魔盜王終極之戰》之中周潤發所率領的「南中國海」海盜集團，也是以這群旗幫海盜為原型構思的。

　　在廣東新會附近的一次行動裏，鄭一的艦隊攻擊一艘漁船。船上有一對父子，鄭一的手下把父親殺了，然後俘虜了十五歲的兒子。鄭一將這名少年收為自己和妻子石陽的養子。這名少年姓張，名保，廣東人習慣親暱地在男孩的名字後加「仔」字，便是張保仔了。張保仔容貌清秀，「年少色美」，很快受到雙性戀的鄭一青睞，兩人隨即相戀。由於與首領有着超凡的關係，加上自身展現的卓越能力，張保仔在紅旗幫內的地位迅速提升。你說，難道鄭一嫂不吃醋嗎？問題是，鄭一嫂自己也深被張保仔所吸引。

　　這個問題，恐怕不是一句「貴圈真亂」了得的。諸君或許認為是筆者胡說八道，但這些都是文獻記載的。事實上，海盜通常來自社會底層，文化水平也不高（這一點或可從鄭一和鄭七的命名看出），本來就不受傳統禮教的規範。此外，海盜幾乎都以男性為主，陽氣極盛的環境使人們較能接受同性間的親密關係。男校或女校的同學或許會比較理解。不少學者曾對這種風氣深入研究，在西方的海盜世界裏也找到同樣的現象。學習歷史時，常常會遇到令人覺得匪夷所思的事，但如果我們能用古人的視角看待當時的事物，一切都會變得容易理解。

與養母結婚都得？

　　至於鄭一嫂和張保仔的關係，或許還多了一點現實的考

量。鄭一在一次前往越南水域的行動中突然過世，使紅旗幫突然失去首領。鄭一嫂繼承了鄭一的海盜艦隊，但也擔心自己無法駕馭麾下群雄。她急需一名在紅旗幫內聲望高，又可以對她絕對忠誠的人物幫助自己，這人自然就是張保仔。單純的養母子關係或許不夠，鄭一嫂索性直接嫁給張保仔，並與之共同管理紅旗幫。這裏要補充說明的是，古代男人習慣迎娶年紀比自己小一截的女人為妻，所以鄭一嫂比鄭一年輕得多，而與張保仔的年齡差距則會較小。由是，張保仔從新會縣被俘虜的男孩，變成最強大的海盜首領。有多強大呢？此刻張保仔所接收的海盜艦隊，共有三百多艘船和四萬多部眾。相比之下同時期的清政府整支廣東水師只有八十艘船和二萬兵丁左右。不要忘了，像張保仔紅旗幫這樣的艦隊，廣東沿海還有另外五支。

身為鄭成功覆亡以來東亞最強大海盜集團的首領，這時候的張保仔，只有二十一歲左右。張保仔海盜生涯的巔峰時期正要展開，應該說，他的人生才剛要開始呢。

▲ 1836 年英國人 Edward Lloyd 筆下的鄭一嫂：石陽

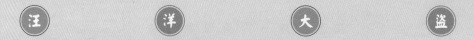

張保仔（中）：
我想當海盜，哪裏可以申請？

在 1807 年，張保仔成為紅旗幫的首領，接管了一支東亞最強大的艦隊。沒錯，是東亞最強大，沒有之一。清朝的水師完全不是他的對手，而來自歐洲的海軍也無法挑戰他 —— 葡萄牙在遠東的幾艘戰艦只夠保護澳門不被海盜攻陷；英國還沒取得新加坡，艦隊主力還在印度；荷蘭的利益在印尼，無意理會中國沿岸的水域；而在菲律賓的西班牙人也早已不再擁有當初意氣風發的「無敵艦隊」了。

如果做海盜，有咩着數先？

到底在一支打遍東亞無敵手的海盜艦隊上生活是什麼感覺？張保仔的管理下，海盜的紀律極嚴格，相比起來中國水師因薪俸長期低落，軍紀渙散也不是第一天的事。身為海盜，違背上級命令者，斬；偷竊公共財物，或搶劫友好村莊者，斬；私藏戰利品者，斬；偷懶或臨陣畏縮者，割耳；凌辱婦女者，同樣處死。反觀清兵時常敲詐勒索，無惡不作，這不難解釋為何百姓大批加入海盜，尤其是住在東涌和赤臘角附近的漁民。

不過，除了自願加入外，當然也還有很多被迫脅從的人，畢竟海盜是海盜，不是聖人，沒有道德包袱的。海盜會從村莊裏

綁架村民，尤其是年輕力壯者。這些村民若家裏有錢，就可以被贖回。不過，村民若有錢，就會興建堅固的房屋（看過新界的圍村嗎？），也會僱傭更練團保護村莊，所以會被海盜綁架的，多是貧民。家裏交不出贖金的貧民，很多就會被迫成為海盜的一員，再也不能回去了。而這些人很多也不願回去，因為一旦回到家鄉，就會被官府和鄉親認定是海盜成員，日子只會比當海盜更難過，於是便一心一意的留在船上了。據清朝官府的調查，張保仔艦隊中可能有一半以上的成員都是這種脅從者呢。

綁架原來有陰謀！

張保仔的海盜喜歡攻擊來自歐洲的商船，不止因為它們通常帶着滿船的財富（想像一下，這些船是千里迢迢要來採購滿船貨品回去的，那船上藏着多少寶藏？），還因為張保仔熱中於學習西方的航海和軍事技術。有一次，張保仔的船隊遇上一艘英國商船，配備威力強大的廿四磅大炮，開炮數次已把一眾海盜嚇壞了。但兩個星期後，張保仔的船上也有了一門廿四磅大炮了（「廿四磅」指的是炮彈重量，意思是這門炮能發射這麼重的彈藥，而當時常見的炮是六至十二磅）。也因為這樣，被綁架的歐美白人通常能透過分享知識和技術換取不錯的待遇，例如是教他們使用西式步槍，或是在船上充當醫生等。

海盜當然也會從這些貨船上得到不少補給品。這些貨船帶

着來自世界各地的商品,在東亞賣給當地人,再購買本地的茶葉、瓷器、香料和絲織品,出口到地球其他角落。因此,透過搶劫各國往來貨船,張保仔麾下海盜可以享受的物質生活,有時比岸上的達官貴人還要多姿多彩。行動順利時,他們可以抽波斯出產的高級鴉片,燉煮從官船上搶來的燕窩海味,用東南亞的珍貴香料煮食,身上穿上印度布料製作的衣服。當然,他們也會搶來大量白銀,可以用來購買不同的補給品。不過,行動不順,戰利品減少時,他們能吃的就變成船上的老鼠、雜糧、鹹魚等。

除了搶劫錢貨和綁架贖金外,海盜還有些什麼收入呢?「保護費」是其中一種。上回說到當時海盜組成聯盟,分為六大旗幫,因此也各有地盤。在各自的勢力範圍,海盜會向往來商船收取保護費。政府曾經打算派水師直接保護商船,但以當時水師的實力來看,很多商人寧願向海盜交保護費。況且這些海盜通常恪守信用,收了錢後的確會盡力保護這些船,免受其他海盜甚至是腐敗水師的騷擾。遇上海盜船,只要出示已繳保護費的憑據,就可獲放行。若海盜看到憑據還是強行搶掠,那麼船主還可以直接找張保仔算帳,可獲得額外賠償,而犯規的海盜也會受懲處。

保護費這個概念很有黑社會的味道。而確實,海盜也與陸上的天地會有緊密的聯繫(沒錯,天地會真實存在,不是金庸自創的)。順帶一提,現今在香港活躍的黑幫,不少可以追溯源頭到清末的天地會派系。幫會的成員會與海盜交換情報和物質,尤

其是官軍的動向，村莊的物產和財富等。在幫會的幫助下，海盜甚至還可以在陸上經營生意，例如是錢莊、賭攤等，也會把劫來的貨物運到陸上販賣。如果劫得運鹽船，那就發達了——鹽在古代是很值錢的商品。

陸上與海上的分別

說到陸上的世界，比起那裏的禮教社會，海洋世界相對男女平等。在平時，男女海盜一樣要負擔粗重工作，像駕駛舢舨和小艇等常由女人負責；在戰時，女人雖未必如男性般強壯，但也一樣親赴火線，奮勇殺敵。當然，他們活在二百年前的社會自然也與現今定義的性別平等有很大的距離，女海盜人數上比例極少，也可能會被迫為其他海盜提供性服務，但以當時的標準來說，女性在船上受的約束還是會相對陸上的傳統禮教少得多。

這就是粵洋海盜的黃金年代。海盜的生活看起來充滿刺激，多姿多彩，當時也真的有人為了追求海上的冒險而加入海盜集團，雖然只是少數（不要以為他們是單純的患上中二病，這種冒險精神和現代人的打工度假，在本質上也是一樣的，只是危險得多而已）。不過，這些表象之下潛藏的危險、血腥、兇殘、恐懼，就是成為海盜的代價。戰爭、貧窮、飢餓，也是海盜日常生活的一部分。更甚者，海盜的光輝時代也並沒有持續很久。威震四方如張保仔，也在 1810 年投降了。

▲ 袁永綸《靖海全圖》中赤臘角海戰場面，香港海事博物館藏。

張保仔（下）：
官場比戰場更凶險？

清朝在 1805 年開始下定決心根除海盜，不過其實他們心中都知道，依靠廣東水師的實力，是無法與張保仔的紅旗幫正面對抗的，但以清朝軍隊迂腐官僚的指揮體系，要鄰省福建水師聽從廣東水師的指揮聯合行動，比打敗張保仔本身還要困難。況且福建水師也有自己的海盜要對付——活躍於台灣附近海域的兩大海盜首領蔡牽和朱濆，各自都有二萬餘人和百多艘船，而蔡牽更是張保仔的盟友。

找外援先！

正在猶豫不決之際，張保仔的勢力已經深入珠江內河，指揮廣州艦隊的總兵戰死。清朝痛定思痛，知道自己已無法獨力對抗張保仔，於是便決定尋找外援。這時清朝有兩個選擇——向澳門借兵，或是讓英國人幫忙。澳門人和英國人的貿易都因海盜損失不少，而同時也不希望對方在中國的影響力太高，因此也十分積極向清朝提供援助。

清朝最終選擇了以八萬兩白銀的代價，兼答應葡萄牙人在澳門可享治權（但最終沒有履行），向澳門借了六艘葡萄牙戰

艦，與廣東水師組成聯合艦隊，出發攻打張保仔。石陽當然也收到情報，馬上急召張保仔麾下所有船艦，集結在大嶼山赤臘角，與澳門清朝聯合艦隊決戰。時為 1809 年 11 月 19 日，聯合艦隊已經把張保仔包圍了九日九夜，張保仔決定向另一幫海盜——黑旗郭婆帶求援，但郭婆帶忌憚張保仔的強大，竟拒絕了。就在此際，聯合艦隊的司令決定實行火攻，就像赤壁之戰一樣以火船衝向張保仔，奈何風向突變，火船竟被吹了回來，張保仔便乘機率艦突圍。最終清朝損兵折將，但仍然傷不了張保仔分毫。

郭婆帶歸順之後……

張保仔在赤臘角海戰打了漂亮的一仗後第一件事，便是要找郭婆帶算帳。兩幫海盜在虎門附近開戰，郭婆帶的實力雖比張保仔稍弱，但仍取得小勝。他深知此勝實屬僥倖，以後若要同時面對清朝水師和張保仔，恐怕沒有好處。於是郭婆帶把心一橫，就乾脆歸順清朝，加入了水師。郭婆帶連同麾下海盜加入清朝的消息對張保仔來說，恐怕比清朝與澳門組成聯軍還要可怕，因為這意味着廣東水師的實力增加了一倍。

考量再三，張保仔雖仍保有相當強大的實力，但最終選擇接受清朝的招降，以龐大的艦隊為籌碼，爭取較好的待遇。張保仔的議價能力比郭婆帶為高，所以郭婆帶招降後只能擔任把總（清朝最低級的軍官），而張保仔則可以擔當高一級的千總。這想

必對張保仔來說是難以承受的改變。試想想，張保仔投降時麾下還有一萬多人和二百多艘船，但身為千總，就只能帶着二、三十艘船，依附在清朝水師之下。但這不代表張保仔從此會一蹶不振。接收海盜的船艦和人員後，清朝廣東水師實力大增，決定與越南水師一起遠征其他海盜，而張保仔確實是出色的海軍人才，擊敗了從前海盜聯盟的其他盜幫，很快從千總再升了一級為守備，統領順德鎮的軍隊。

不過，也從這次升遷開始，張保仔開始感受到政治官場的凶險，並不在於汪洋怒濤之下。廣東省的官員很不喜歡張保仔，無他，他身為海盜殺過的官員將領不計其數，如今竟加入了政府，還可以步步高升，難怪有人不滿的。但憑軍功，張保仔被調到了福建之餘，還可以連跳三級，成為參將，已是高級將領了。1819 年，張保仔再升一級，成為澎湖協水師副將，手下兵丁兩千人。雖與往昔以萬計的部眾相比仍然差得多，但在清朝官制中，已是從二品官，能命令他的軍官只有提督和總兵。

樹大果然招風

張保仔憑過人的軍事才能，在十年內從低級軍官變成高級將領，引起了一位朝中官員的注意。這位江南監察御史向來十分討厭張保仔，皆因他與曾經負責清剿張保仔的兩廣總督交情甚篤，曾經參與消滅張保仔的盟友蔡牽，自然也不樂見張保仔

的平步青雲。到底張保仔的升遷算有多快？這時的張保仔只是三十三、三十四歲左右，已是從二品武官，這位監察御史比他大一年，這時只是正七品的低級文官。他升上二品，要等到十七年後上任湖廣總督，但其實以張保仔的表現，晉身總兵，統領半個省的軍隊，在品第上達到他終生不及的位置，也只是時間問題。但身為監察御史，也就是說他擁有彈劾其他官員的權力。他毫不猶疑地向皇帝寫了封奏摺，挑出張保仔的海盜出身，要求禁止有招降背景者持續升遷。由是，張保仔即將到手的總兵官位，連同光明前途煙消雲散。張保仔兩年後去世，享年三十六歲，是不是鬱鬱而終就不知道了。

至於那位江南監察御史，叫做林則徐。

林則徐出手了！

林則徐對張保仔的攻擊不止於此。張保仔死後，遺孀石陽帶着兒子張玉麟到了澳門，以食鹽貿易和經營賭場為生（沒錯，石氏的賭場雖不叫威尼斯人，但澳門賭業也不是現代才興起的）。石陽對張玉麟的要求很高，總期望兒子可以成為軍官，並超越父親的成就，可惜兒子沒什麼才幹，只當上了千總。到了1840年，已經當上湖廣總督的林則徐在處理一宗訴訟時發現石陽身在澳門，他隨即上書北京，指石陽曾改嫁，不符合繼承張保仔名銜的條件，因而予以褫奪。在海上，改嫁甚至嫁給自己的

養子都不是問題,但在陸上就是「傷風敗俗」,實在難以想像石氏晚年面對多少從未有過的禮教束縛。名銜被奪的同年,她的千總兒子張玉麟因「被控聚賭之案」受牢獄之災,未幾病故,終年二十七歲。

在亞洲歷史書寫中,石陽(又名石香姑)的角色常常被忽略,其實她在紅旗幫中的地位和能力不比張保仔低,可以說是兩人共掌艦隊事務,有時也會各自率隊攻擊不同的目標。在古代的世界,在歷史中被記錄的女性,通常只能以「節烈」、「守貞」的形象出現,而少數女性掌權的例子則會在不受禮教約束的社會中發生。從這個角度看,石陽就堪稱香港女性領袖的第一人了。

蜑族人的艱難

張保仔和石陽故事的另一個特點,是他們蜑族人的身分。蜑族(或蜑家)人是古老的民族,至今也在香港和廣東沿海生活,但千百年以來經常受漢人歧視。林則徐本人也從書信、文件中透露他對蜑族人的鄙夷和蔑視。他針對張保仔和石陽是否與蜑族人的身分有關?不得而知,但在海上生活的蜑人常常被當時的人扣上海盜的刻板印象,而林則徐雖以盜寇出身為阻止張保仔升遷的理由,他自己也曾提拔過一些被革職的軍官。

香港開埠後三年,石陽病故。再過幾年,香港最後的海盜

集團徐亞保和張十五被英國皇家海軍消滅。雖然海盜問題仍持續近一個世紀，但那個汪洋大盜糾集成百上千的艦船叱咤海面，教官軍聞風喪膽的時代，也確實結束了。

▲ 袁永綸《靖海全圖》中張保仔投降場面，香港海事博物館藏。

▲ 赤鱲角海戰後,清朝興建東涌所城,加強海防。

▲ 除了東涌所城,亦有小炮台,互相支援。

古制古法

香港 1889 年的一件越界執法案，竟差點釀成第三次英清戰爭？

　　講起越界執法事件，熟悉香港歷史的讀者，或許會想起 1901 年清朝革命家楊衢雲在香港被特務暗殺等事件。但其實，自香港開埠後，清朝政府人員在香港的執法活動頗為頻繁，像開埠之初的 1844 年就有新安縣的書吏在香港販賣牌照被捕。而今天要談的，是在深水埗的越界執法案。1889 年，當時新界尚未租借，中英邊境從當時尚是海邊的深水埗，橫跨九龍半島延伸到九龍城附近。當時在邊界上有三處口岸，包括深水埗、九龍塘和九龍城，都會設置關閘，每天清晨六時開放，等到日落關閉。

中國官兵竟然越界執法？

　　當年的 7 月 9 日，油麻地警署接獲數名深水埗村民報案，直指吳崖及曾祿（音譯，以下除張之洞外所有中文人名亦同）兩位村民，在深水埗的村屋中被清朝士兵押走。事關重大，清朝官兵竟然擅自闖入英屬香港界內捉人，港督德輔爵士（Sir George William Des Vœux）隨即透過英國駐北京大使華爾身（Sir John Walsham）和駐廣州領事阿查立（Chaloner Alabaster），要求兩廣總督張之洞對此案給出合理的解釋，而張之洞則將矛頭轉向九龍城指揮官。案發一個月後，張之洞回覆

阿查立，對此事表示震驚，並說他早已嚴令屬下人員不准跨越九龍邊界，強調逮捕是在華界內發生。

8 月 10 日，港英警察隊長哥頓（Maj-Gen. Alexander Gordon）分別向七名村民錄取口供。他們皆說這兩人是在香港範圍內被逮捕，並指出是清兵自華界追逐兩人至港方界內。而且那兩人是清朝的通緝犯，抓到他們的話獎金有一百五十元（當時來說是一筆不小的錢呢）。不過，港英政府高層卻說，哥頓帶回的口供不是正式宣誓的證詞，所以不予採納。

私下處決的黑歷史

而政府內部就這次調查爭執不休之際，一名叫吳同的村民在 8 月 15 日寫了一封信給政府，說他在東莞的舅舅收到風聲，吳崖和曾祿兩人已被屈打成招，並將在 18 或 19 日處斬，吳同請求港英政府盡速展開救援。得知兩人很可能在三、四天內被處決，港府大為緊張。事關三年前，亦有一位叫李阿芳的港人被清朝官兵在維港的一艘舢舨上逮捕。當時張之洞與港府推托說會再調查，卻暗中在九龍寨城將李阿芳斬了頭。於是這次為免事件重演，港督馬上嚴詞警告張之洞，說若兩名犯人在越界執法問題釐清前就被處決，將會引起國際社會的憤怒和嚴重後果。

張之洞收到信，大概知道事態嚴重，隨即下令將兩人移送

廣州，以免前線軍官擅自行刑。同時，港督命令警察隊長哥頓和總登記官米曹演利（Norman Mitchell-innes）組成調查委員會徹查此案。接獲命令的兩人翌日就前往深水埗調查，這次同樣取得七名村民的口供與更多細節。雖然七名村民的口供亦有互相矛盾的地方，例如調查報告中說道：有人看見吳曾兩人走進屋中，有人說看不到；有人說清兵沒有攜帶武器，有人卻清楚說出清兵帶着三叉戟、劍和手槍；有人說街上應有很多目擊者，有人又說當時街上沒幾個人；有人看到犯人右肩被斬傷，有人卻說是左邊；眾人提及兩人被押送時相距多遠，甚至是到底有多少人被捕，這些問題的答案都不一致。

香港政府向張之洞要人

但是無論如何，調查委員會在 8 月 19 日提交了徹查結果：7 月 9 日當天，四名身穿便服的人員進入深水埗村第 21 號屋抓住吳崖，在過程中斬傷他；之後約有 20 名穿着制服的清朝士兵也前來逮捕曾祿，並把兩人押回華界內。總而言之，整起事件最重要的一點：「The arrest was made in British territory」是毫無疑問的，港英政府就憑這點，21 日再向張之洞要人，更威脅若不把吳曾兩人交回，此舉則與向英國開戰無異。

有趣的是，港督在信中強調，只要張之洞將兩人放回，英方絕不再額外要求巨額賠償；港督亦說，若兩人真的有罪，並有

足夠證據證明之，兩廣總督便可循正常管道向港英政府提出引渡要求。同時，港督再寫信給華爾身，請他向清朝的總理各國事務衙門施壓。終於在 8 月 26 日，張之洞透過廣州大使表示會放人，吳曾兩人在兩天後回到了香港。

根據港英政府留存的檔案，並沒有提及吳林仔和曾樹兩人最終是否有被引渡和定罪，案中其他關鍵人物也很快就調離本來的崗位，港督德輔在事件沒多久後便休假回英國，布政司史釗域（Frederick Stewart）一個月後急病去世，連張之洞亦在當月調任湖廣總督，要知道案件的後續，恐怕不是那麼容易。

只差一點點……

不過，在該批檔案的首頁有一份備忘，記錄着港英政府對此案的態度與看法，其中有幾點值得注意。第一，港督是刻意用強硬的態度向兩廣總督，甚至是清朝政府施壓，正是因為 1886 年越界執法案的前科，張之洞明知犯人已被處決，卻仍對港英政府暗示會放人。第二，港英政府曾認為若廣州方沒有放人甚至是處決吳曾兩人，則事態很可能會發展成戰爭，而港督也確實在 8 月 20 日考慮派海軍炮艇至廣州威嚇清朝。第三，港英政府覺得若放任廣州方面處決吳曾兩人，會帶來嚴重後果，包括使英國顏面無存，以及失去在香港華人的信任。

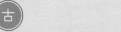
　　如此看來，若非張之洞妥協放人，英屬香港和清朝的歷史可能便會因此而完全不同，甚至可能引發第三次英清戰爭。

　　這次深水埗越界執法案，顯然不是最後一次清朝政府人員在英屬香港直接執行任務。1895 年清朝海關船隻非法闖入英屬香港水域；1901 年楊衢雲被清朝特務刺殺；1955 年中華民國特務在英屬香港機場上，在原定要接載周恩來的客機上安裝炸彈，客機在印尼上空爆炸，16 人因此遇害……

　　過去的歷史反覆地證明，香港一直活在「中國因素」之下，至於香港的未來應如何自處？或許這些歷史能帶我們找到答案。

▲ 1898 年英屬香港和清朝在九龍的邊境，英國國家檔案館藏。

當現代法律第一次在香港出現：
兩種法制的衝突

在 1841 年 1 月 25 日，香港的法律制度，主要仍然是以《大清律例》為骨幹。到了 1 月 26 日，英軍登陸香港島，成立殖民地，自此香港出現了來自英國的法律。英國和香港殖民地的法律，屬於「普通法系」，而《大清律例》則是來自天朝法律體制，兩者差距太大，大家可有想過分別習慣兩種法制的人們，如何在同一城市內共處？更不要說其實《大清律例》在帝國邊緣的香港作用本來就很有限，族中父老、鄉紳地主的口令，比皇帝聖旨更有效力。

洋人也要先了解大清律例

來到十九世紀，統治帝國經驗豐富的英國人，總會在建立殖民地之初，努力了解當地的風俗文化，當然也包括法制。翻開帝國的版圖，英國取得新加坡時，已經利用馬來半島的蘇丹制度，擁立東姑胡先為廖內蘇丹，再向這位親英新蘇丹取得新加坡。在香港，港英政府在馬禮遜（Robert Morrison）、郭士立（Karl Friedrich August Gützlaff）等早已學會粵語和中文的傳教士的幫助下，也花不少力氣在理解大清帝國的法律制度。

第一任港督砵甸乍（Sir Henry Pottinger）在 1843 年去信殖民地大臣士丹利（Edward Stanley），談到自己在一宗殺人案中，觀察到「異乎尋常的中華法理系統」，直言「完全缺乏任何類似陪審團的東西這一點實在太明顯，根本不必再多加其他評論」。在砵甸乍的觀察中，英方應該盡力理解清朝司法制度、找出可接受的部分，例如砵甸乍表示「由知縣到法官和省總督，再嚴重的案件都是以簡單的程序處理，而同時又是公平公正」、「若判處某種程度以上的刑罰，則會交到總督確認」等。然而，他字裏行間亦表達對清朝司法公正的質疑，表示：「被告會在新安縣的知縣面前同意若被判定有罪，會欣然承受懲罰。被告和他的同黨和那個叫呂氏的女人會被嚴刑迫供，並在招認後被行刑。」

在殖民前的社會，案件發生後往往先由鄉紳處理，而鄉里間的宗親或血緣關係則會左右公正能否伸張。例如在 1843 年那次殺人案中，裁判官堅威廉（William Caine）一度問到被害人的弟弟，何不先向柴灣村父老報告，而是繞過鄉紳，直接向新安知縣及港英政府報案。對方解釋因為父老跟謀殺犯人是好朋友，若向他們提及這件事，可能會被毆打，可見這套建基於宗族的司法制度有多可靠。

港府殖民的地位

然而，港英政府很快不再討論「清朝司法制度是否公正」，

因為社會上出現更嚴重的問題，就是如何讓本地人及清朝地方官員明白法治、主權和司法管轄區等概念？這不只是公眾教育的問題，而是背後涉及主權轉移的法律論述，是要讓殖民地華人居民知道，如今這片土地已經不再是中國領土，而是英國的殖民地，遇事不應再找鄉紳和新安知縣，而是要找香港政府。同時，也要讓新安知縣明白香港主權已交給英國，清朝官員不得干涉香港內政和說三道四，否則就是癡心妄想和不自量力。

　　這套法律論述往往伴隨邊界的劃定，故港英政府需要阻止越界執法的清朝官員。例如在 1844 年有新安縣人員在香港水域向漁民發出捕魚牌照，但被香港海防人員逮捕。新安縣起初以為英軍「有誤會」，以為清朝人員是海盜，殊不知之所謂被捕，皆因越界之故，皆因他們已經進入了香港水域。同樣的問題其實在殖民早期屢見不鮮，有次港督戴維斯（Sir John Davis）去信兩廣總督耆英，表示當時海盜日多，提醒耆英若然發現海盜在附近海面藏匿，「請諭飭九龍官憲照會本官」，要求清方通知香港，由香港出動水警抓捕。但耆英的回覆則令人哭笑不得，表示海上有海盜，「乃中國地方文武應辦之事，理宜責令一力捕拏，豈可有勞貴國巡船」，行文中完全誤解了戴維斯來信的用意。港府關心的不是是否「有勞英國巡船」的問題，而是中國水師不可以在香港水域活動！

　　除了外交層面外，香港政府亦針對教育一般市民。例如政

府會貼出告示，呼籲華人居民不必理會新安縣的官吏，甚至可以將他們緝拿移送英官。例如在 1845 年便有公告說，新安縣衙門「殊違定例，向赤柱舖戶勒索租銀」，港英政府提醒各舖戶「毋得給絲毫銀錢與他」，一旦新安縣一再迫討，則「汝等即鮮押憲署究辦，以免自取咎戾」，即村民可以將他送到差館究治。

▲ 1889 年的《中國引渡條例》，香港大學圖書館藏。

妹仔的由來：
古代香港的奴隸制

不，這篇文章不是要寫你和我這些朝九晚不知幾多點的打工奴隸，而是貨真價實的，歷史上出現過的奴隸。歷史學裏對「奴隸」的理解，其實不一定是指被剝削的勞工，像強迫勞動或待遇很差的工人，也不一定等於奴隸。奴隸的定義，是「成為物品的人」。當人成為一件物品，就可以被「物主」買賣、轉讓或廢置。而像下文會談及，奴隸是一個身分，與其待遇並無直接關聯。理論上，奴隸甚至可以吃好穿好（當然現實中這少之又少），但在身分上仍然是一件可被轉讓的物品。

封閉式奴隸

長久以來，奴隸制度都不是歐洲獨有，世界各地歷史上都曾有過蓄奴的惡習，從美洲古文明、到非洲部落和阿拉伯世界都有奴隸存在，東亞也不例外，像滿人征服中國後的投充政策、朝鮮的賤民和奴婢、日本的部落民等等，而香港地區亦同樣存在過。在遲至十九世紀的嶺南，不少地主宗族都擁有的「細民」或「妹仔」，其實就是奴隸。細民（又稱下夫，也有「細仔」等不同名稱）是男性奴隸，而妹仔則是女性。歷史上，世界奴隸制度大略可分為「開放式」和「封閉式」，前者是指奴隸可以透過不同

方式提升自己的地位,最終融入主人的家族或社會;後者則即使在主人家族或社群中地位有所提升,奴隸也不可能被主人接納為其一分子,而永遠以奴隸身分受區隔。香港地區以至清帝國南部的細民和妹仔,就是「封閉式」。

細民主要為主人承擔粗重雜務,妹仔則要處理家務,但不包括務農。相比美洲黑奴在甘蔗或棉花田中工作,香港地區的細民和妹仔本身並不具經濟生產的價值,而是奢侈品,也是身分地位的象徵。除此之外,細民也會在必要時補充武裝力量,加入更練團、衛隊等,但因其忠誠度始終無法被保證,因此一般不會佔超過百分之五,也少有擔任先鋒或前線位置。宗族取得細民,主要是透過買賣,以及細民自己組織家庭和繁衍下一代,而細民的婚姻多由主人安排,對象經常是——妹仔。

妹仔可憐的身世

我們常聽見的妹仔,即是舊時在香港市區大戶人家蓄養的婢女,其實歷史要比我們想像的久遠,並不是十九世紀末才突然在香港出現的。數百年來新界較為富裕的地主,都有蓄養細民和妹仔的習慣。只是香港開埠後,新一批的高級華人崛起,才開始買下一些妹仔,使這個惡習開始大行其道。他們甚至還振振有詞,表示蓄婢可以為這些無依無靠的女孩提供安居,殊不知當時大量有依有靠的女童正是被惡人拐帶,才被賣為奴婢。

除了細民和妹仔外，佃戶某程度上在古代的香港也是貼近奴隸定義的階層。佃戶來自為地主提供勞力，生產糧食的村莊。除了提供土地——繳交地租的關係外，地主和佃戶的互動還有點像中古歐洲的封建社會一般，地主會透過衛隊巡邏等為佃戶提供保護，而佃戶則須另繳保護費，以及響應地主的號召提供服務，包括參與建設甚至是武裝衝突。所以，也可以稱這些佃戶村落為地主宗族的衛星村落。

在古時的香港，佃戶成為地主的附庸，沒有自主權利和彈性可言，一旦不再表忠，很可能會即時被視為敵對，不但不再受地主保護，還可能會直接受攻擊。例如，上水河上鄉侯族一直都向新田文氏繳納保護費，但到了十九世紀中，侯族認為自己已累積足夠的實力，因此停止向文氏付錢，不再接受文氏的保護。若在一般交易的常理，侯氏理應有決定是否接收保護的自由，並可自行決定停止這種關係，而新田文氏也必須接受。但實際上侯氏卻馬上成為了文氏的敵人，後者更發動自家團練民兵討伐。

業權可以世襲？

而造成香港地區佃農缺乏自主的根本原因，學者認為是佃農和地主的身分都不是「個人」。在這裏，雖然土地是以「個人」進行買賣，我們可以在地契上找到相關的人名，例如在大嶼山十嵐村的地契，便寫明「業戶張宗臣買受……陳葉蘭田」的字樣，

但實際上土地的業權是屬於祖嘗（即宗族組織）擁有的，也就是說這次買賣前的業主是陳氏，而新的業主則是張氏，只是由陳葉蘭和張宗臣負責進行交易而已。業權如是，佃戶的身分也是一樣。由於業權和佃戶的身分是以宗族名義持有，這種地主——佃農關係就是世襲的：佃農過世，並不影響其宗族的佃戶身分，由宗族中另一人（通常是兒子）頂上耕作，地主同理。

世襲關係下，地主和佃農之間的權利和義務以至其他條件並不會因為實際執行者換人而重新洽談，而是自動延續到繼任人身上。所以，除非新的佃農放棄這片土地，終止契約，移居其他地方重新開始，否則他不能改變他祖先和地主祖先談好的條件。於是，佃農實際上受地主支配，因不平等卻又無法改變的關係而漸漸成為地主的附庸，美國哈佛大學文化人類學教授華琛指出，這樣的地位其實形同奴隸。像新田文氏的其中一個佃戶林屋村，直至 1970 年代也仍無法擺脫附庸的地位，仍然唯文氏馬首是瞻。也正因如此，當「附庸」試圖改變條件，例如侯氏停止向文氏交保護費，就會被視為敵對，引起衝突。

香港曾經出現過的各式奴隸，要到二十世紀初才逐漸消失。踏入二十世紀，新界成為香港的一部分，香港的現代法律在新界取代了以往的各種慣例。社會體制的翻天覆地，使新界原有的富裕地主不能再擁有從前的優勢，不但無法再操控佃農，也難以再維持細民和妹仔。至於市區方面，隨着保良局在 1878 年成

立，阻止婦女被拐帶為妹仔，殖民地內在二十年代亦掀起了反蓄婢運動，加上英國國內反奴隸聲音熾熱，香港也終在 1923 年通過《家庭女役條例》，正式禁止蓄養妹仔。

Slave-girls carrying children

▲ 1925 年香港的妹仔奴隸

我彈出又彈入：
九龍半島的跨國犯罪集團

「幾乎整個九龍的罪犯都來自深水埗！」一位氣急敗壞的香港警官在 1875 年這樣說道。這個時候新界還未租借，深水埗位於今天界限街的西端，就是香港和中國的邊境所在。這位警官之所以如此泄氣，是因為香港警察基本上沒有什麼能力對付跨境犯罪的行為。

二百年前的尖沙嘴

外來的盜匪在香港當然也不是新鮮事。像來自中國不同地區的海盜和山賊，數百年來肆虐香港不同的村莊，也是不計其數。不過，「跨國犯罪」，自然就是在 1841 年，「國界」出現在香港後才發生的事。當香港島成為了大英帝國的一座殖民地，對岸仍然屬於清朝的尖沙嘴，就即時成為了盜賊匿藏的巢穴。從偷竊、搶劫、走私，到殺人綁架，你想像得到的罪案，也會在這裏發生。

為什麼尖沙嘴會成為「罪犯天堂」呢？香港開埠後，隨即成為了一個「希望之地」，不少從中國各省市來的人希望在香港找到新的機會，便在一海之隔的尖沙嘴定居下來。以尖沙嘴村

（今河內道至金馬倫道之間）、尖沙頭村（今漆咸道，當年位處沙灘邊）為中心，臨時搭建的寮房擴散開來。尖沙嘴的人口愈來愈多，也愈來愈雜，罪案自然也會增加。

打我呀笨！

「國界」隨即成為了聰明的罪犯可以多加利用的優勢。維多利亞港在開埠初期交通已經相當便利，每天都有各種舢舨和小船往來兩岸。所以，當清朝的官兵浩浩蕩蕩地從九龍城出發，要到尖沙嘴捉拿盜賊時，那些罪犯早已駕着舢舨逃到香港島，而清兵不能越界到香港，只好灰頭土臉地離開。輪到香港警察前往追捕時，他們卻又已經回到尖沙嘴的賭攤打天九牌，抽兩口鴉片，滿臉得意。當然，香港警察也不能越界到清朝範圍，那些罪犯確實可以在香港島和尖沙嘴之間「彈出又彈入」，而不必擔心被繩之於法。

其中最惡名昭彰的，不是方唐鏡，而是三個名為黃墨洲、吳天星（譯音，下同）和吳文同的人。他們三人組成了一個幫派，稱為「三龍堂」，在 1840 年代迅速成為尖沙嘴一帶的「陀地」，向每個想在此地建屋居住的新移民勒索建屋費和保護費。這裏原來的地主是元朗錦田鄧氏，他們隨即向清政府告狀，而官府也判他們勝訴。但即使如此，政府也無能為力，一直到 1850年代末這十多年間，整個尖沙嘴都是三龍堂的地頭。清政府軟弱

無為，香港政府也沒好到哪裏去。三龍堂其中一人是黃墨洲，也就是香港開埠早期最嚴重的貪污醜聞——高和爾案中，時任總登記官及撫華道高和爾所勾結的海盜。黃墨洲在 1857 年曾經被香港警察逮捕，就是高和爾為其開脫。到高和爾本人終於被革職時，香港政府也再找不到這個黃墨洲了。

從尖沙嘴到深水埗

香港政府之所以找不到黃墨洲，很可能是因為他和他的三龍堂已經從尖沙嘴轉移到深水埗了。為了對付跨境犯罪，香港政府在 1860 年終於取得九龍半島後所做的第一件事，就是要停止外來人口持續遷入尖沙嘴。於是，政府張貼告示，指「現因尖沙嘴一帶地方窩聚盜賊匪徒」，奉香港「統領提督軍門」（即港督）之命，「不准再容外來之人混入居住」，而如果係「安分良民，在此地久居者，仍許現在照常安業」，但「如有擅自窩藏者」，「嚴行究治，勿謂言之不預也」。過了幾年，除了禁止新移民進入外，整個尖沙嘴的所有居民被遷移到了油麻地和旺角。

但將尖沙嘴清理掉，也仍然無法解決跨境犯罪的問題。這個舉動只是將罪犯由尖沙嘴推到新的邊界去。新的九龍邊界沿着今天的界限街有三個出入口，分別在九龍城、九龍塘和深水埗。由於深水埗靠海，所以很快就成為九龍和香港島之間的貨物集散地。有錢，有人流，但沒有警察——這裏距離尖沙嘴和九龍寨城

很遠，這裏自然又成為罪惡的溫牀。

再彈出，又再彈入

除了三龍堂外，還有另一個以葉勝昌（譯音）為首的幫派從尖沙嘴搬到了深水埗。他們的故事與三龍堂如出一轍：霸佔了一塊土地「做大茶飯」，原地主報官，但仍無阻他們穿梭於邊界兩端。如今邊界在陸上，他們還省卻了搭船的麻煩呢。除了在邊界一帶活動外，他們還能隨時回到尖沙嘴和油麻地一帶作惡，然後迅速撤回深水埗邊界以外。文首提到的香港警官，他在抱怨的正正就是葉勝昌。

這個時候的深水埗，已經是非常繁華的經貿重鎮，但同時間也是惡名昭彰的地方。這裏又被稱為「三陋巷」，「三陋」者，正是黃、賭、毒是也。走進三陋巷，眼前盡是妓寨門前招客的小姐、賭攤專心下注的賭徒，和煙館中捧着鴉片槍吞雲吐霧的人。對單身男性來說這裏是樂土，但對政府來說，這裏卻是公共衛生、治安管理和邊防控制的一場災難。

港中合作？不了

諸君或許會問，為什麼清朝和港英政府沒辦法協同一起處理這些罪犯呢？問題是，清政府對現代法制的理解實在仍然不

足。在司法和執法體制這一方面，清政府和港英政府之間互不信任，自然也難以合作。香港警方每有捉拿來自清朝的逃犯，必須在現代普通法制度下，經歷審訊，初定有罪，然後才有可能引渡到清朝境內。不過即使開明如清末名臣張之洞，也每每投訴港府「諸多為難」。原來張之洞指的，是「須有事主眼證」，又要「當堂質訊情節」，而「口供偶有參差，犯之狀師即為開脫」。在他眼中，現代法律體系中的審訊程序、舉證責任、無罪推定等原則都是英國人「藉端刁難」，試問又如何可以合作？

除此之外，「每提一犯，須用狀師，各費數千金，猶不能必其交解」，聘請律師實在太貴了！

即使是 1899 年接管新界後，英屬香港和清朝之間的跨境犯罪問題依然是使政府相當頭痛的問題。除了陸上的三合會外，還有循水路的走私商人和海盜（更常是兩者的混合）。直到戰後警察規模大幅擴張，這些問題才漸漸得到控制。當然警察擴編會帶來其他問題，但也是後話。只能說葉繼歡若知道戰前香港的狀況，大概也會慨嘆自己生錯年代的。

▲ 1898 年駐守港中邊境的政府人員，香港政府檔案館藏。

好大的官威！
如何在古代香港打一場官司？

常言道：生不入官門，死不入地獄。又說，官字兩個口，總之打官司這回事，總是能避則避。現代香港的法律體制如何運作，相信大家都有目共睹。但回到古代，法律又是否可以主持公道，又是否能得百姓的信心呢？

送官究治，如何送？

現代的法律訴訟，分為刑事和民事兩種，前者是以政府名義提出，以懲治罪犯，後者則是關於各式各樣的糾紛，由雙方搬到法庭解決。在古代，這樣的界線大致也可以如此劃分，但處理方式就很不一樣了。如是作姦犯科、殺人越貨一類的案件，犯人當場人贓並獲，那麼村民可以有幾種處理方式。其一，是送官究治。例如在 1860 年，有一幫匪徒向荃灣石梨貝村的村民勒索錢財，於是村民向荃灣其他友好的村莊求救，終在各村村民合力下擒拿匪徒，然後將他們押上一艘小船，循海路送往位於現今深圳南頭的新安縣衙門。

不過，報官有一個問題，就是衙門距離遙遠，要自己押送犯人，不是易事。就在荃灣村民押送犯人途經汲水門海峽時，其

中一人突然發難，打傷護衛，跳海逃脫。所以，除了報官外，有時村民也會選擇另一個更直截了當的方法，就是當場請村中父老就地處置。至於如何處置，就端看「各處鄉村各處例」了。在屯門，十九世紀末時就有比較清晰的記載，像偷田園中的物品，要罰五百文銅錢；偷咬別人家的甘蔗，則要罰三百文；而牧童偷懶導致牛隻走失，同樣罰三百文；而把家中養的豬賣掉但沒有告訴家人的話，要重罰一千文。雖然其中一些規定看似滑稽，但正是該處鄉村的該處例，自有其邏輯。

「呃秤」也要打官司

刑事案件尚算簡單，但遇上民事糾紛，就更為複雜了。當然，同鄉之內的糾紛，通常還是由長老出面，在祠堂或村廟當面對質，再進行裁決。至於長老是否公正，有無偏心，就是另一回事了。同樣常見的，是鄉村、家族間的糾紛，那就不是一族之長就可以有足夠的聲望解決的了。私了自然也是一個解決方法，在十九世紀的香港，村莊之間大動干戈，以武力解決問題，可謂司空見慣。

不過，若然真要對簿公堂，那官司會怎麼進行呢？1776年，元朗十八鄉的十七名農民，請來了一位名叫張步高的狀師，跑到新安縣衙門要控告自己的地主錦田鄧氏。告什麼呢？案情指出，村民一直以穀物來繳交地租，而早在1773年的時候，慣用

量度穀物的倉斗損壞，於是地主拿來了一個新斗使用。但村民發現這個新斗比舊斗大，即變相要多交租，便拒絕繳交 1774 年和 1775 年的地租。到了 1776 年，地主鄧氏帶着大批人馬，強迫農民交租，搶去了他們的豬牛，更斬死了其中一人。於是農民便籌資聘請狀師到衙門告狀。

在衙門，雙方爭持不下。被告一方堅持自己沒有殺人，而原告也沒有拿出實質的證據。案件由新安縣初審，轉到順德縣再審，再上呈到廣州府，終至廣東巡撫辦理，又發回新安縣重審。來來回回，原本一場簡單的租務糾紛，一直到 1786 年才有判決。最終農民承認地主並無殺人，是狀師教唆他們捏造罪狀。知縣於是裁定地主一方不再追究訴訟期間所欠地租，而農民一方也不必討回被搶的牲畜，然後由政府提供新的倉斗作為標準，各佃戶按此製作新斗，「當堂印烙」核實。又命地主白紙黑字寫下收租紀錄，並將其中一份交給佃戶，以免起爭端。而捏造證詞的農民，最後獲「恩赦」，「概請從寬」，至於那個「訟棍張步高」，則擇日再理。這份判詞更刻成了石碑兩塊，一塊放在地主那邊的元朗舊墟大王廟，另一塊就在十八鄉的大樹下天后廟，至今仍存。

話說回來，從這次案例我們可以看到，古代打官司的過程可以相當繁複，除了知縣外，爭持不下的話還可以一直上訴好幾級到有結果為止。但因為古代的交通、傳訊和文書效率都較慢，訴訟過程便會隨上訴往返的次數不斷延長，這次就花了十年才

結案。嚴重者如在東涌的另一次地權糾紛，更由 1702 年持續到 1776 年，是一場七十多年，橫跨數代的官司，連審理的各級官員也換了好幾任。可以從這些官司裏面觀察到的另一點是，官府其實並不熱中於找出和懲治犯罪的一方，而是試圖運用自己的公信力，定出一個解決問題的方案，並使雙方接受，以求不再「另生事端」。當然，如果官員本身並不公正，他提出的方案自然也不會使雙方信服，某程度上這也是為什麼部分官司會牽扯良久的原因。

古人也可以司法覆核

除了民間的訴訟外，一般百姓能不能和政府打官司呢？現代香港，理論上市民能透過司法覆核，挑戰政府違憲的政策，在古代原來也可以！十八世紀即有一例，事緣清朝早年在雍正皇帝改革的科舉制度下，不論是從帝國他處招墾而來的客家人，還是世居本地的廣府子弟，都可以同場考試。但如此一來，廣府人便覺得這些外來的客家人霸佔了屬於廣府人的學額，漸生不滿。所以自十八世紀中葉起，新安縣政府認定此地的客家人應該要返回「原籍」考試。問題是客家人離開「原籍」已數十年之久，早已在這裏落地生根，哪裏還能「回去」？這樣的政策，無疑將客家人排拒於整個科舉制度之外。

於是，從葵涌、青衣到船灣、沙頭角的大多數香港客家

村莊，連同部分來自現今深圳的客家人，一起推選出代表，在1801年跑到北京九門提督面前，興訟控告新安縣政府，表示禁止客家人在新安縣應考科舉的做法，有違帝國朝廷由雍正皇帝在當年頒布的政策。前述在農戶和地主之間的糾紛，尚且要驚動廣東巡撫，今次事關國家政策，當然要經過更多層級的處理。上至遠在北京的九門提督和朝廷禮部，下至兩廣總督、廣東布政司、廣東學政、廣州府、新安縣等各級政府機關，統統牽連在內。

歷時兩年，這些香港客家人援引鄰近東莞、新寧等縣，甚至是福建的案例，終於勝訴。最終，朝廷禮部頒令新安縣，加開客籍科舉名額，讓客家人報考。自從官司結束，香港的客家人只花了六年時間，就在1809年產出第一個秀才，是來自元朗橫台山的鄧輔清，三年後又有蓮麻坑的葉重華和鹿頸的陳鳳光，之後人才輩出，不勝枚舉。

古代的香港社會還留下了很多不同訴訟的紀錄，像是1802年吉澳勒索租金案、大埔墟越界起舖案、1841年港島佃戶私賣田地案、1873年元朗墟毆鬥案、1875年羅湖爭地案……篇幅所限，未能一一與讀者分享。不過，以往一些既定印象，認為古代香港屬偏遠之地，毫無法律可言，也非完全屬實呢。

▲ 九龍寨城的衙門官堂

古事
尋源

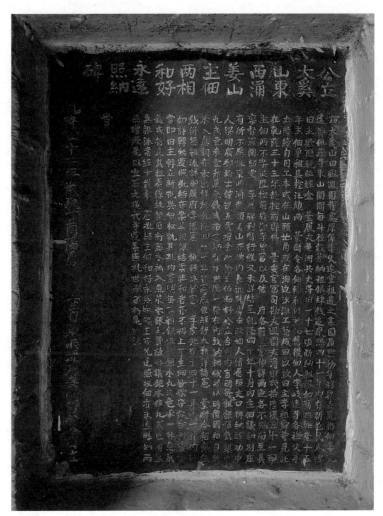

▲ 東涌侯王廟內的石碑，記載了東涌農民和地主打官司的過程。

港 式 古 事

香港的戰國時代——淺談械鬥

　　香港人到歐洲旅遊，總要去參觀一兩個城堡——英國的溫莎城堡、德國的天鵝堡、葡萄牙托馬爾城堡等。而當外國人來到香港，卻也會去看城堡——你沒眼花，香港是有城堡的，較有名的，像是吉慶圍、覲龍圍、曾大屋等。你定會說我騙人，那些明明就只是圍村而已。但如果你仔細想想香港的圍村，有着堅實的青磚城牆、四角各有一座炮樓、厚重的鐵門，或許還有護城河，不就正是一座城堡的模樣嗎？

點解「七國咁亂」？

　　香港興建圍村的歷史，可以上溯到幾百年甚至上千年前。數百年來香港人不斷建造這些小型城堡，一是為了應付日益猖獗的海盜，二就是防範來自鄰村的攻擊了。在二百年前，香港新界地區，可謂「七國咁亂」，村落之間不斷械鬥。

　　械鬥是一個什麼樣的概念呢？今天我們在新聞上看到「械鬥」二字，多數指的是十來個或幾十個黑幫小混混，或赤手空拳，或手持棍棒，頂多有幾把牛肉刀，聚集鬥毆。然而，當年的所謂械鬥，往往雙方各動員數十人乃至數百人，全副武裝，有些

甚至配備槍和大炮，互相廝殺，通常也有許多傷亡。而十九世紀的新界，前前後後共有二、三十次可考的械鬥，而每次械鬥短則幾天，長則連綿數年，甚至斷斷續續打了一世紀。

這麼多、這麼大規模的戰鬥，是怎樣組織起來的呢？那就要由「約」這個概念說起了。「約」，是一種村落聯盟。村落間為了不同的目的，會與鄰近的友好村落結成一個「約」，每遇外敵，即互相應援。這些「約」可以是數村間互保的聯盟，也可以是十數村的軍事集團。這些大大小小的「約」，全香港有數十個，其中一些約又會組成一個大「約」，形成更強大的軍事同盟力量，例如沙頭角十約，便是由十個約、共五十餘條村莊組成。

既然這些「約」要互相攻伐，那就自然會有自己的武裝部隊。清帝國統治下，政府只有二千名士兵駐守大鵬協的左右兩營（協和營是清帝國軍事單位，一營有約數百至上千軍士，而一協則由一千到數千人不等），莫說是要防守香港那麼大的地方，連維持地方秩序也顯得相當吃力。既然官府不可靠，人民就唯有自行組織起來了。村莊在有需要時，會馬上召集村內的青年，以防禦本村或攻打敵人（要注意的是，這些村民組織並不是團練，團練原則上不會參與械鬥）。

以武舉成名

　　嶺南的傳統村落，村內都是同姓的同一家族，因此歸屬感特別強，遇事時更顯團結。這些青年大多接受過軍事或武術訓練（以清朝的軍事水準來說），今天我們到元朗的鄧氏文物館，還可以看的到當年他們所用的練武石以及各式武器等。至於指揮的父老們中，許多人都參加過武舉並獲得功名，甚至是曾為清軍中的軍官，所以他們對於謀略戰術也是熟能生巧的。

　　由於這些村民是地方武裝，所以也不會有制式的裝備和武器。他們參加械鬥時手裏拿着的，很多時候是一些刀劍，有些人會有關刀或長矛以至弓箭等，但也會有些人只有鋤頭、鐮刀等農具。除了冷兵器外，這些團練大多都有數支到數十支抬槍，即是一種在十九世紀來說仍是非常舊式的附腳架步槍。在少數的械鬥事件中，甚至還有使用火炮，例如 1875 年的羅湖與黃貝嶺之戰，就有雙方使用一門火炮的紀錄。

墟市的鬥爭

　　說了這麼久，到底村落之間為何要一直械鬥呢？就不能好好相處嗎？那又要從「墟」開始說起了。如果大家有印象，許多香港的地名都有一個「墟」字：大埔墟、上水石湖墟、元朗墟、沙田墟等。「墟」是什麼呢？「墟」就是菜市場。村民每個星期

都會把自家田裏的收成拿去這些菜市場販售，以賺取生計（這個做法一直維持到二十世紀七、八十年代香港農業式微之前）。那村民是不是去哪一個墟市都可以開攤賣菜呢？不一定，這要看你去的墟市屬於哪個家族，或是哪個「約」。

一般來說，大家都會在自己家族所擁有的墟市擺攤，這樣收益就可以保留在家族之中，肥水不流外人田嘛。這樣附近的其他村落就要付出相對高的代價，才可以擺攤賣菜。如果這些村落開始沒辦法負擔這樣的成本，他們就會另想辦法：自己辦一個墟市！於是，這些村落就會組成一個「約」，然後共同投資營辦一個自己的「墟」。原來的大「墟」看到自己居然被杯葛了，自然覺得很不高興，便派人前往理論。一旦談判破裂，就只得動干戈了。除了墟市外，村落間還會爭奪河邊的卸貨場、灌溉設施、過河渡輪的生意等，反正就是錢作怪。

個個都要面

除了爭奪經濟利益外，就是家族尊嚴的問題。傳統上，婚姻並不是兩人之間的事，而是關乎兩個家族尊嚴和利益的大事。古時婚姻屬於盲婚啞嫁，許多時候都並非出自新郎和新娘自願。因此，婚媾雖是喜事，但如有悔婚、逃婚、禮金儀式不妥等情事，或是婚後妻子受丈夫欺負、毆打甚至是休妻等，便會造成兩家反目。此外，信仰習俗等也會是衝突的起因，例如兩村信仰的

矛盾、風水的破壞、墓地的爭奪、祭祀的衝突等。這些紛爭關係到家族或村莊尊嚴，兩個族群自然也會互不相讓，最終只有訴諸暴力。

　　再來，土地問題也是械鬥的一大主因。在十九世紀，不同的原因像中國的戰亂以及新興的香港殖民地，導致大量移民定居在九龍和新界。新的村莊如雨後春筍在各地出現，人口膨脹，當然可用的土地就會愈來愈少，族群間爭奪土地也只會愈來愈頻繁和激烈。

械鬥對鄉村的影響有多大？

　　械鬥對鄉村影響甚大。一場械鬥即可以消耗光所有的財力物力和人口，讓一條村落甚至是一整個約衰落。1875 年的羅湖與黃貝嶺之戰，就造成了超過六萬銀元的經濟損失，使雙方皆陷入赤貧而要在許多年後才復蘇起來。此外，械鬥也使村落之間結成世仇，以致在面對外敵時無法團結一致。在 1899 年的六日戰爭，許多新界的村落都受召集，共同對抗英國人的管治。然而，有些村落拒絕參與。除了不敢違抗英國外，最重要的原因是無法與敵對村落並肩作戰，又或是害怕一旦傾力參加戰爭後，敵對村落會乘虛而入。

　　由於其普遍性，村落械鬥成為香港鄉村史很重要的其中一

環。現存的鄉村祠堂內，很多都供奉着在械鬥中犧牲的人們。如果你是香港新界原居民，不妨多了解祖先的英勇事迹。而當年新界村民的勇武之風，時至今日仍然有迹可尋呢。

▲ 粉嶺正圍門前的三尊古炮，正是古時重要的武裝。

港式城堡之謎——
圍村到底圍着些什麼？

　　圍村對於大部分人來說，可能都是比較神秘的存在。大家都知道香港有這類村莊，但卻又不十分了解。提起圍村，你想起什麼？破落的圍牆、原居民、三層高的丁屋、各種祭祀儀式、不太好吃的盆菜，反正就是「新界鄉村的樣子」，反正就是「閒人免進」的地方，如果不是原居民，大概也不怎麼關心。但或許，圍村是一種比你我，甚至是村民自己想像中更有豐富歷史文化內涵的建築。想想看，圍村其實是香港獨有的！中國廣東常見的「圍龍屋」、福建客家土樓和土堡，也是與香港圍村截然不同的建築物。撇除深圳、東莞等地有零星一、兩座之外，全世界就只能在香港找到圍村，還不夠特別嗎？

風水只是掩飾，防衛才是本意

　　香港共有七十餘條圍村，有些仍然相對結構完整，有些只剩下圍門，有些則已將圍牆完全拆毀。粗略一點，香港圍村可以分為廣府和客家兩種。典型的廣府圍村，是方方正正的四面圍牆，裏面圍着整齊排列的村屋，從正門走直線到底就會是祠堂（上水圍是一個例外，因為風水的緣故，這個圍村是五邊形的）；客家圍村遠看總覺像一所超巨大的房子，而不是一條村莊，所有

的村屋都互相連接（所以沙田的山下圍，又叫曾大屋），而對外的一面牆則特別高大而堅實。圍村的牆壁，大多以花崗石為基，上以青磚砌成，並以石灰為磚塊的黏合劑。花崗石、青磚、石灰，通通都是香港出產和古時常用的建築材料。花崗是香港盛產的石材，至今仍有在屯門石礦出產；青磚由黏土定形後燒製而成，比單靠曬乾定型的紅泥磚更堅固耐用，古時香港不少地方都有磚窯以供建築之用；石灰，則是由香港水域所產蠔殼煅燒磨製而成，可以說，圍村是百分百的香港建築。

　　圍村之所以厲害，當然並不單是因為它擁有四面圍牆。實際上，圍村和圍村周遭的環境（不論天然或人工創造）加起來，其實是一套複雜的防禦系統。敵人來襲，首先要穿越過一連串的障礙物。在不少圍村（甚至是沒有圍牆的一般鄉村）門外，很多時候村民都會種植一片茂密的樹林或竹林，除了是風水的考量外（因此也叫風水林），其實更重要的是要阻延敵人前進的路線，為防守者爭取準備的時間。當敵人越過了風水林，又馬上要面對另一個障礙——護城河。對，你沒有看錯，不少圍村都曾經有護城河。一些圍村的選址刻意靠近河流，除了生活上取水方便，村民也會挖掘護城河，然後從附近的河溪引水。如果附近沒有河流，村民也會在圍門挖一個大坑，積雨成塘。如今很多圍村的護城河都被填平了，但像粉嶺圍、蓮麻坑村等，水塘則仍在。越過了這些障礙後，敵人這才「兵臨城下」，但不論是廣府還是客家圍村，在圍牆的四角都有兩、三層高的「角樓」，而正門上方又有

「門樓」。村民掩身於樓內，持舊式的槍支從窄小的槍孔（又稱「槍眼」）射擊。面對這種情況，沒有現代武器而妄想攻入圍村，大概需要無比的勇氣和極微的智力。

一牆之隔，他者即地獄

但講了這麼久，究竟這些「敵人」是誰？好端端誰會去攻擊一座圍村？一般的說法在介紹圍村時，都會說是「盜賊」。確實，在這些圍牆建成的年代（十七世紀末至十九世紀），香港是盜賊頻繁出沒的地方。不論是從廣東南下的山賊，還是海上登陸的海盜，皆是官府屢剿不止，民間也捉拿不完的。但除了盜賊之外，村民的「敵人」，也包括來自其他村莊的人。村莊之間交往頻繁，因此也容易起衝突。水源的爭奪、生意的競爭、風水的不合、習俗的矛盾、信仰的衝突、土地的紛爭，通通都可以是大動干戈的理由。而以這些鬥爭的暴力程度看來，如果有圍村的保護，確實是很重要的優勢。

在這麼一個危機四伏的環境下建成的圍村，在文化上自然也會形成「自己人」和「外人」分明的氛圍。學術上對香港圍村的定義，就是「在物理上和社會形態上與外界隔絕，而具有軍事防禦功能的聚落」。為什麼要強調在「社會形態」上也與世隔絕呢？如前所述，圍村確實是「閒人免進」的地方。當然沒什麼人會無故歡迎陌生人走進家中，但更重要的，是在封閉的環境中產

生的排外心理。在圍村的文化裏，但凡不是村民的，皆「非我族類」，即使是政府官員也不例外。所謂「善者不來，來者不善」，誰知道外人入村有着什麼目的呢？

誰是拯救古蹟的白馬王子？

要細數香港圍村的歷史、建築特色和文化內涵，當然不是一篇短短二千字的文章可以處理得到。圍村的主題，可以是博士論文的題目，也有人寫了很多專書討論，但也比不上親自到訪來得精彩。然而，隨着鄉村發展，不少城牆已經拆卸，很多圍村都只剩下圍門。剩下比較完整的，包括元朗的吉慶圍、粉嶺的觀龍圍、沙田山廈圍等等，但得到政府積極保育的，則只有荃灣三棟屋博物館。

出國旅行，總會走訪各地古蹟 —— 德國天鵝堡、英國倫敦塔、日本大阪城……但其實即使沒有出國，也可以看到本地的香港城堡。唯有讓這些古蹟受歡迎和注視，才有被保留的機會。在這些城堡裏邊，沒有公主，也沒有王子，但有一個個活生生的香港人，承載着屬於香港的悠久歷史文化。

▲ 粉嶺龍躍頭覲龍圍是保存得最好的圍村之一

▲ 粉嶺正圍門前的風水塘，當年也有禦敵的作用。

▲ 二十年代英軍拍攝的錦田吉慶圍，可見當時仍有護城河，香港公共圖書館藏。

北區演義（上）：
圍繞羅湖的合縱連橫

　　十九世紀的新界地區，尚未成為香港的一部分，卻已是一片腥風血雨。村莊之間彼此結盟，再互相攻伐，或抵抗世家大族的霸權，或與鄰鄉爭權奪利，都是等閒事。而眾多有資料可尋的戰爭當中，又以新界北部最為頻繁。一切從今天的深圳東門商業街說起。

兵家必爭的羅湖

　　話說在二百年前，東門商業區叫做深圳墟，是整個新安縣其中一個最重要的商貿中心。在深圳墟附近，有一個叫黃貝嶺的地方，那裏有勢力強大的張氏宗族，一直希望壟斷深圳墟的利益。但黃貝嶺張氏要霸佔深圳墟，卻還有一個障礙——貨物要進入深圳墟，需以小船沿深圳河而上，到一卸貨場靠岸，而這個卸貨場，就坐落在另一個宗族羅湖袁氏的土地之上。如果這純粹是黃貝嶺張氏和羅湖袁氏的鬥爭，那就簡單了，袁氏幾乎沒有任何希望——在 1898 年的人口統計中，他們的人口只及對手五分之一，而人口就是戰鬥力的根本。

　　問題是，雖然羅湖袁氏名義上擁有這個卸貨場，但實際經

營者卻另有其人。

原來，還有第三方勢力，那就是位於蔡屋圍的蔡氏。蔡氏以袁氏勢弱，一直霸佔羅湖卸貨場的收費權，而袁氏亦不是蔡氏的對手。在 1836 年，忍無可忍的袁氏下定決心要奪回本應屬於自己的卸貨場，於是便去尋找願意幫助自己的盟友。又有誰比當時勢力最強大的黃貝嶺張氏更有本事打敗蔡氏呢？經過二十年的準備，終於在 1856 年，袁氏和張氏各自動員鄉勇民兵與蔡氏決戰，把他們打到落花流水。兵臨城下，蔡氏無奈亦只得交出卸貨場的權益。

深圳河以北的背信者

但也許羅湖袁氏從來沒有思考過一個問題：為什麼黃貝嶺張氏無端要幫助他們？這對張氏有什麼好處？果然，張氏替袁氏打敗蔡氏之後，竟沒有把卸貨場交還，反而據為己有。袁氏勢孤力弱，也唯有再次忍氣吞聲。卸貨場易手之後，貨物從貨船卸下，運送到深圳墟，使用墟內的公秤，再發售給顧客，這其中的業務和收益，都全由黃貝嶺張氏包辦了。

羅湖袁氏的族人並沒有打算永遠把建立在祖先遺留土地上的卸貨場讓了給那些姓張的。忍辱負重十五年，袁氏終於要展開復仇大計。因為有了共同的敵人，袁氏和蔡氏一泯昔日恩仇，結

為聯盟，要與張氏對抗。1871 年，他們在深圳河的南岸籌建一個新的墟市，要與張氏原有的深圳舊墟競爭。與此同時，袁、蔡亦積極備戰，皆因他們都明白，張氏是不可能眼睜睜地看着自己的經濟壟斷地位受到威脅，而不出手阻止的。四年以後，新墟建成開幕，還建立了一些防禦設施，一場腥風血雨已是無可避免。

羅湖之役

是年三月，雙方陳兵羅湖，各自有長矛大刀還有少量槍支，更有一門大炮。沒錯，清帝國的政策鼓勵建立民兵，因此如果可以動用一點人事關係的話，軍隊的大炮也是可以外借的。即使一些在附近活動的巴色會人員以中立的身分參與救護，仍然無法減低這場戰鬥的血腥程度。袁、蔡的聯盟殺敵大約三十人，漸見上風，但自己也折損十人左右，傷亡慘重。不要以為十人很少，如果兩條村莊共一千名人口之中有四分之一是成年兵齡男子，那麼村莊裏每二十五個青年就有一個死亡，不可謂不多。在戰場上犧牲或許還不是最可怕——歷史記載一名張氏鄉勇被生擒後，他的敵人以多枝長矛同時刺進他的身體，殘忍地處死。

戰鬥持續兩個月左右，期間不乏無辜路人慘遭誤殺。終於，新安知縣派一隊官兵前來調停，首先沒收雙方的武器，然後讓他們對簿公堂。最終官府裁決，所有因商賈使用卸貨場而得的收益袁氏可得十分之四，而餘下則撥入社學，資助公共服務和教

育事業。這看似是尚算能被羅湖袁氏接受的折衷方案，但實際上，官府同時命令袁氏將卸貨場的業權賣給張氏，而所謂的社學，其實也是張氏控制的機構，變相將卸貨場送到張氏手上。如此一來，袁氏和蔡氏失去卸貨場，他們的新墟自然也無法再運作下去。

唔服輸，就打一場官司啦！

面對這樣的判決，袁氏是不可能服氣的。到了 1902 年，袁氏累積了一定實力，再次出招，準備在深圳河上興建新的碼頭，不但能停靠新興的蒸氣輪船，更擋住了舊有的卸貨場。但這次情況已經完全不同，雙方不能再以武力決勝負了，皆因此刻的羅湖和黃貝嶺，已經分屬不同國家，一邊是英屬香港，另一邊是清朝新安縣。於是袁、張兩族分別請來各自的政府，再在 1903 年打一場官司。

一方面，香港政府同意租出土地給袁氏興建碼頭，而清朝海關也認為新碼頭對阻止走私活動有幫助；但另一方面，地方自治機構東平局，以及新安縣政府卻站在張氏的一邊。僵持到第三年之際，張氏和新安政府不擇手段，竟把袁氏的父老捉走，以「挪轉東平局收入」的罪名監禁，又強行拆毀新碼頭。經歷至少八十年的鬥爭，至此羅湖袁氏徹底被打敗，無力再戰，一蹶不振。而黃貝嶺張氏則開始完全壟斷深圳墟的貿易，區內也再無人

可以挑戰其霸權。

　　不過，好景不長呀。

　　黃貝嶺張氏打出他們的如意算盤時大概沒有想到，科技的發展超乎想像，足以令過去大半個世紀的爭鬥變得毫無意義。就在張氏 1905 年取勝的五年之後，九廣鐵路通車。有了鐵路之後，深圳墟的貨運模式有了根本轉變，貨物幾乎不再以水路運送。1910 年 10 月 5 日，當時還是署任香港輔政司（即今政務司），後來的總督金文泰和清朝代表在羅湖終點火車站舉行通車典禮。自此之後，什麼卸貨場，什麼收費利益，什麼貿易壟斷，什麼血海深仇，都盡付笑談中了。

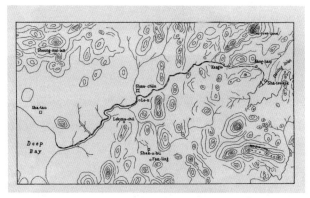

▲ 1898 年《展拓香港界址專條》的附圖，可見深圳墟和羅湖村的位置。

北區演義（下）：
決戰打鼓嶺

另文講過黃貝嶺張氏與羅湖袁氏爭鬥大半個世紀，終於奪得深圳墟卸貨場，卻最終為九廣鐵路所取代的歷史。不過，其實以黃貝嶺張氏稱霸深圳的野心，又怎會只有羅湖袁氏一個敵人呢？今回就要來講距離羅湖以東五公里外打鼓嶺的故事了。

話說打鼓嶺這片土地一直都被這個深圳河北岸的強權支配。由於打鼓嶺位處通往沙頭角的必經之路上，而沙頭角海又是深圳墟魚類和食鹽的主要貨源，那自然是對黃貝嶺張氏來說很重要的。打鼓嶺的村民前往深圳河買賣，勢必要越過深圳河，而唯一的渡河方式，就是搭乘橫水渡。而這門橫水渡生意是屬於誰的呢？大家想必都已經猜到了。透過操控打鼓嶺村民的交通方式，黃貝嶺張氏就可以進而要求村民在政治上的效忠。如果黃貝嶺張氏停止提供橫水渡的服務，那麼打鼓嶺村民就無法將農產品拿到深圳墟出售，等於中斷生計。

合眾人之力

當然，打鼓嶺的村民也不會就這樣屈服的。但這時的打鼓嶺是二十條人丁單薄的小村，只有鬆散的組織，不是張氏的對

手。何況張氏還有一個強大的盟友——蓮麻坑——就在距離打鼓嶺不遠處！於是，打鼓嶺各村聯合起來，組成聯盟，名為打鼓嶺六約。六約組成以後，議定了對抗張氏的辦法：既然你想用橫水渡控制我們，那我們就乾脆「課金」籌建一座橋，開放給村民使用，直接取代橫水渡吧！

時為一八六〇年代，六約的籌組已經完成。但他們很清楚，六約的功能並不是單純地為建橋籌款。試問黃貝嶺張氏又怎會眼睜睜看着新橋落成，取代自己的橫水渡呢？這不只是關係到每年四百至六百元的利潤（當時來說已是非常豐厚），更是對張氏在政治上主導地位的挑戰。所以，張氏是必然會反撲的，而且還會是以武力的手段為之。於是，打鼓嶺六約的村民也為這場無可避免的戰事做足準備。他們在現今打鼓嶺警署附近的一座小山崗上安置了一座鼓樓，以便在敵人自北方進襲時示警（不然你以為打鼓嶺為什麼叫打鼓嶺？）。同時，他們亦事先規劃好最有效率的動員模式，一旦鼓聲響起，就會有專人沿六路傳令，通報各村，然後再率援兵趕到。

決戰打鼓嶺

果然，某日在鼓樓當值的村民看見遠方正有大批人馬跨越深圳河，向打鼓嶺前進。善者不來，來者不善，這批人顯然就是黃貝嶺張氏派來討伐打鼓嶺，阻止建橋計劃的了。看守鼓樓者隨

即揮棍鳴鼓，派人四出通報，各村青壯男子亦依次馳援。待得張氏的人馬過了河，再穿過一片沼澤地來到打鼓嶺時，打鼓嶺的村民早已嚴陣以待，準備以逸待勞。結果，張氏的大軍被打得落花流水，敗退回到黃貝嶺，自此無法再越深圳河一步。

打鼓嶺的村民贏得漂亮，成功在羅芳這個地方建造了一座三節花崗石橋，從此不再依靠張氏的橫水渡。但村民也為此付出了慘重的代價。歷史學家以各村的人口估算，打鼓嶺六約派出應戰的鄉勇不可能多於二百人，但在事後為紀念此戰建立的義祠中卻記有二十三位戰死犧牲的「護圍英雄」。也就是說，打鼓嶺各村的成年男子之中，約每九人就有一人戰死。戰後，打鼓嶺的村民更組織起昇平社，負責管理新設的更練團，日夜巡邏，亦勤加訓練，以應對以後可能再有的紛爭。

再起波瀾

而打鼓嶺和黃貝嶺之間的衝突也確實並未就此結束。打鼓嶺村民的此次勝利並不足以完全打通前往深圳墟的道路，因為即使走羅芳橋過了深圳河，也必須再過一條沙灣河才能到達深圳墟，而沙灣河正正處於黃貝嶺旁邊。在擊退張氏的攻擊後，打鼓嶺的村民應該曾嘗試追擊，奈何仍然無法突破。而這場大戰對雙方的消耗都甚大，一直到 1920 年代前都無法再挑起衝突。

　　但到了 1921 年，打鼓嶺的村民認為自己已經恢復元氣，亦累積了一定實力，便準備再次發起在沙灣河建橋。今次，雙方並未兵戎相見，而是直接對簿公堂。起初，張氏動用人事關係，使寶安縣長判其勝訴（辛亥革命後新安縣更名為寶安縣），但打鼓嶺一方不服，上訴廣東省。當時的省長就是所謂「軍閥」陳炯明，他說河道本屬公共地方，張氏當然也沒權阻止打鼓嶺村民進行公共建設，判處打鼓嶺一方勝訴，下令建橋，更把先前的縣長革職。

　　黃貝嶺張氏別無他法，只得接受結果，即使陳炯明在翌年權鬥中被孫中山背叛打敗下台，也沒有試圖推翻判決結果。無他，到了 1922 年，形勢的消長已經完全不同。自一八六〇年代一戰之後，如另文所講，黃貝嶺張氏亦在與羅湖袁氏的紛爭中失利，實力已大不如前；相反，打鼓嶺六約經歷半個世紀的養精蓄銳，早已非昔日鬆散的小村莊可比。同時，原本較親近黃貝嶺的沙頭角各村（記得上文提到的蓮麻坑村嗎？他就是沙頭角的成員），也在這次換邊站，轉而支持打鼓嶺一方。黃貝嶺張氏大勢已去，即使不願服從陳炯明的判決，也再無把握在武力上打敗打鼓嶺六約。

　　約莫 1924 至 1925 年間，沙灣河上的新橋落成，取代了原有的橫水渡，從此打鼓嶺和沙頭角的村民前往深圳墟買賣便無須再付任何路費，也不必再看黃貝嶺張氏一族的臉色。隨着在羅湖

和打鼓嶺的行動相繼失敗，張氏在深圳河流域的政治地位亦漸漸
式微，壟斷和主宰深圳墟市龐大利益的野心亦無法得逞。歷經大
半世紀，深圳墟繼續成為自由、開放的貿易市鎮，一直到二次世
界大戰為止。

▲ 打鼓嶺村民在天后廟旁加建義祠，悼念死者。

舊時香港人如何紀念本土英烈？

　　所謂「英烈」是指一些對某個群體來說，在危難面前獻出自己性命，貢獻甚巨的人。在不同的群體和文化裏面，也產生出紀念這些英烈的方法。在歐美，多有紀念碑、銅像等，而在東亞又以祠、廟、神社等居多。當然，香港新界各村也有大大小小的義勇祠，正是不同村民祭祀和紀念一眾為保衛家園而犧牲的烈士而建，各有故事。

反抗地主的壓迫

　　在大埔林村的天后廟旁邊，有一所義祠，紀念十二位「護鄉烈士」，但村民一直都不太清楚這十二人是誰和做了什麼事。直到 1992 年天后廟重修，當村民準備清理義祠時，才赫然發現這塊神主牌的背面，原來就刻了這十二位「烈士」的姓名！此事立即在村中掀起一股考究的熱潮，在村民和學者的努力下，總算大概知道事情的來龍去脈。

　　話說在十九世紀末，粉嶺龍躍頭鄧氏是林村一帶的地主，苛索地租之餘，又要求政治上的效忠。終於在一八六〇至一八七〇年代左右，林村人忍無可忍，決定跟鄧氏翻臉。於是鄧氏動員

民兵，浩浩蕩蕩要來「討伐」這些不聽話的佃農。雙方各攜槍械，在圍頭村附近駁火。最終林村人搬出「狗毑炮」，打死對方多人，擊退了鄧氏，但也有十二人戰死。於是村民便在天后廟旁，加建一所義祠，拜祭犧牲者。如今在林村太平清醮中，仍會拜祭這些「護鄉烈士」。

同一場戰事，各自表述

1862 年某日，城門八鄉過百壯丁抄起武器，兵臨葵涌石籬背村（今石籬邨一帶），將村民痛打一頓。石籬背村民轉向荃灣求援，徵得十二村共二百人打回去城門各村。然後城門村民不忿，又再攻向荃灣……如此有來有往，我燒你幾間村屋，你殺我幾個村民，持續了三年。到 1864 年，有一位來自川龍的長老居中調停，雙方才甘願議和。

三年的紛爭總共造成至少三十四人死亡，剛好每邊十七人，荃灣和城門雙方都各自興建了義祠來紀念亡者。荃灣義勇祠設在蕙荃路天后宮的偏殿，裏面還收藏着一塊一九三〇年代的石碑，由鄉議局主創辦人之一，也是荃灣人的楊國瑞寫下這個故事。至於城門八鄉，則在鄉中協天宮建立義仕軒，不過隨着 1928 年為準備興建城門水塘，城門各村搬遷到錦田（今錦田城門新村），連帶關帝廟和義仕軒也是。此後雙方都仍把各自的犧牲者奉為保家護鄉的英雄，在戰前還會每年春秋兩次拜祭。

新界六日戰爭

　　要數新界地區在成為香港殖民地之前最慘烈的戰事，當數六日戰爭。以屏山鄧氏為首的大族，抗拒香港政府接管新界，便將自己的鄉約和主佃網絡全部動員，以手握舊式武器的三千民兵對抗現代裝備的英軍。六日下來，鄉民部隊折損數百人，每個參戰的鄉族都蒙受巨大的損失。雖然戰後不論是鄉紳還是政府也希望低調處理事件，但實際上村民也無法忘懷在戰事中離世的族人。所以，在元朗各處都有紀念烈士的場所。

　　最廣為人知的是屏山達德公所。在十九世紀中葉建成，達德公所原是屏山鄧氏更練團的總部，在 1862 年更加建了左廂慰寂祠和右廂英勇祠，紀念屏山鄧族在歷年與其他村莊的紛爭中死去的人們。1938 年，達德公所重修，特意將 1899 年六日戰爭中來自屏山和其他與達德約有聯繫村莊的死者姓名刻石立碑，加以供奉。石碑以「忠義留芳」為題，刻上了一百七十三個人名。

　　除了屏山外，其他宗族同樣建立了義祠。在吉慶圍附近的友鄰堂中有一所英雄祠，逢吉鄉妙覺寺則有義塚，皆為紀念在六日戰爭中死去的人而設。在八鄉古廟的右室亦有烈士祠，供奉五十五位「義士」，除了是六日戰爭的鄉勇，也有參與十九世紀末各種紛爭的鄉民。可惜原本的烈士祠已在 2012 年遭祝融之

災，今所見者為 2014 年重修。十八鄉大樹下天后廟同樣有一所
英勇祠，內有「列位眾姓英勇宿老之神位」，供奉一百六十二位
在十九世紀以來為十八鄉戰死的人。至於沙田大圍侯王宮，雖然
和六日戰爭無關，但也置一神位，給一眾護村「英雄」。

烈士的記憶建構

　　各村廣置義祠（不要忘記，上述所談到的只是現存的義
祠，理論上還有很多已經荒廢失祭或拆毀的），除了代表那個年
代村落間戰事頻仍，也表示村莊的向心力極強。當時的中國政府
無能，村民所能依靠的就只有彼此。出戰者往往就會成為村中的
義士，一旦不幸身故，更是如此。踏進一所義祠，其中之氣派，
絲毫不輸所謂國家英雄。就像坪輋的昇平義祠，走進去，身後就
是「衛約英豪」四個大字，兩旁則是一對成於 1915 年的對聯，
曰：「義重如山自古英雄傳百代，祠承恢緒從今俎豆馨春秋」（恢
緒即先人的志業；俎豆即對賢人的崇奉），神位兩側又是一副對
聯：「威武才能垂萬古，英雄志節播千秋」，橫批「百世流芳」。

　　透過設立義祠以及恆常拜祭，村民建構起共同的歷史記
憶。即使後代沒有再經歷這些血腥的情節，但透過參與祭祀，仍
然會認識前人奮不顧身保護家園的過去。比起國家的所謂「民族
英雄」，早年的打鼓嶺子弟可能更熟悉在昇平義祠中的「容昭陳
公」、「兆德李公」、「阿牛劉公」等人。村民和她們的後代，也會

記得誰為保護村莊而犧牲,而敵人又是誰。

　　這些年來為香港犧牲性命的人,如果我們希望他們的「威武才能」可以「垂萬古」,我們也必須努力將他們的「英雄志節」去「播千秋」。

▲ 打鼓嶺昇平義祠專門供奉二十三位在戰鬥中
犧牲的村民。

▲ 打鼓嶺昇平義祠中的「衛約英豪」牌匾

港古文化

兩個世紀前的
港式餐桌（一）：今晚食咩好？

現代香港是富裕的城市，也是廣納不同文化的城市，每天出門總能吃到來自世界各地的美食，當然也包括香港獨家的佳餚。學歷史的人自然也會好奇：一、二百年前的香港是否也如此？現代人每天最困擾的難題第一名，當數「今晚食咩好？」，因為選擇太多，才產生選擇困難症。古人的飲食比較簡單，通常不會有這個問題，但這也不代表他們的生活不富足。

白米產量盛極一時

2001 年西貢的一次考古發掘出土四顆已碳化白米，證明香港人在四千年前已經開始種米。四千年以來，香港的居民都如東亞大部分國家一樣以白米為主食。香港的米，以元朗所產為佳。無他，元朗平原就是全香港最肥沃的土地，而其次則可數上水、粉嶺一帶，乃至大埔和沙田，白米的產量都頗多，每年可有兩造甚至三造。而今人常聽的「絲苗」，其實是自中國南部至東南亞一帶出產的白米品種，早在十九世紀，元朗絲苗米已經是遠近馳名，甚至要外銷出口的高級米！除了元朗絲苗外，沙田的油粘米亦是佳品，米粒不若絲苗飽滿，但油脂較多，香氣豐盈而不膩。

　　除了米外，香港也是產鹽之地。大家可能不知道，「觀塘」從前是寫作「官塘」的，意思就是「官方的鹽塘」。自宋朝起在香港建立的「官富鹽場」，也就是在九龍一帶。除了九龍外，香港多處地名有「鹽」字的地方，都曾是鹽田，例如是西貢鹽田梓、大埔鹽田仔、沙頭角鹽寮下、青衣鹽田角等。此外，大嶼山也盛產鹽，更在南宋期間發生武裝反抗官府查緝私鹽的事件。有了鹽，又有沒有糖呢？古籍記載着這樣的一個故事：幾百年前有一次，屯門的陶氏向錦田鄧氏炫富，族人把自家生產的蔗糖以五缸為一疊，從屯門疊到錦田（直線距離為九公里）去，不料鄧氏不甘示弱，也把家裏的東西拿出來疊回屯門去，卻不是蔗糖，竟是白花花的銀子，陶氏族人只得認輸。這個故事當然水分不少，但屯門古時盛產蔗糖，應也是史實。

海味飄香

　　只有白飯和簡單調味好像太寡了，香港人的祖先們還會吃到些什麼呢？讀者可曾留意，香港天后和洪聖廟眾多，「梗有一間喺你左近」？天后和洪聖都是水神，保佑出海者平安。所以會拜祭此二神的村落，通常都是漁村，那麼香港人的餐桌上就少不了各式海產了。除了留意廟宇外，要吃海鮮也可以去找蜑家人。蜑家人是傳統的漁民，畢生住在船上，以海為家。在香港，西貢、筲箕灣、大嶼山、石排灣等都是蜑家人的傳統聚落。漁民之家的餐桌上，從各式鮮魚，到醃製的鹹魚、海味，都不曾缺少。

現代香港人喜歡到元朗流浮山吃蠔，其實當地產蠔已有好幾百年歷史。香港的養蠔業在明代開始發達起來，幾乎全香港到處都有。是的，從前的香港漁民常常吃到蠔，是不必花大錢去酒店吃的。吃了蠔，其殼也不能浪費，燒製過後，也是重要的建築和補船材料呢。

　　天天吃蠔好像太膩，能不能吃點蔬果呢？一百多年前，有兩位沙田文人將新界的風土特色編成一首〈瀝源九約竹枝詞〉，其中有幾句是這樣的：「直對沙田禾麥熟」、「大窩禾麥實婆娑」、「荃灣菓木出菠蘿」、「新摘荔枝蔴地賣」、「沙地園堪種菜蔬／愛吃沙梨圓嶺進／蒲崗荔枝實婆娑」。看這幾句，大概就知道香港有什麼物產了，其中大窩在今小瀝源附近，而圓嶺則在羅湖附近、蒲崗今名新蒲崗，沙地園則位於今彩虹邨一帶。另外在1844年，施美夫牧師（Rev. George Smith）到深水埗一帶的村莊傳教，他的筆記裏也有提到當地有蕃薯和「一種很像生菜的椰菜」（可能是指白菜）。除此之外，香港多處也種植不少經濟作物，例如油麻地就是盛產火麻的地方，而用來編織各種生活用品的芒草，則來自芒角（哪個地鐵站的英文地名念起來像芒角？）。一般而言，經濟作物的出現，意味着此地糧食充足，農民有餘力種植其他作物出售賺錢，或是貿易活動蓬勃，農民能在市場上買到主糧，便可種植利潤較高的經濟作物，改善生活。

如果想食肉呢？

　　說這麼久，好像還沒看到肉類出現。如果周星馳飾演的唐伯虎穿越到二百年前的香港，還會吃到喜歡的燒雞翼嗎？當時的人們幾乎家家戶戶都會養幾隻雞，母雞負責下蛋，而蛋和公雞則會成為桌上佳餚，或拿到墟市出售以賺取收入。當時的人會不會拿雞翼來燒就不知道了，不過要吃到雞肉，倒不是十分困難的事。除了雞外，人們也會吃豬肉。在十九世紀中葉，深水埗的人們會坐船到香港島賣掉蔬菜和其他物品，再從城裏的餐廳買廚餘回家餵豬。至於牛肉，農民一般是不吃的，因為牛是耕作的好幫手，吃掉生財工具並不是一個好主意。

　　1588 年，時任新安知縣邱體乾認為元朗這片平原「地皆膏腴，正錦繡之鄉村也」，於是將「岑田」這個地名改為「錦田」。數百年來，香港的土地雖未算物產豐饒，但也絕不貧瘠，更有優良出品。城市化和人口增長使香港漁農業日漸式微，如今的香港人可以食盡世界各地的珍饈百味，反而不容易品嘗到香港自家農產。

Field ploughing near Kowloon.

▲ 刻畫一九一〇年代長沙灣附近農田的明信片，高添強藏。

▲ 刻畫一九一〇年代九龍城附近農田的明信片，高添強藏。

兩個世紀前的
港式餐桌（二）：今晚點煮好？

前篇講到古代香港物產不少，從元朗和沙田的白米、屯門的糖、西貢的鹽，到九龍的蔬果、魚、肉等等，應有盡有。不過，把食材說得差不多了，但要把食材變成餐桌上的晚餐，還差一件事：如何把這些優質的食材，通通帶回家中？

貿易的重要性

答案就是「貿易」了。古時的人會把農作物和手工藝品拿到墟市販賣以賺取收入，同時也在墟市購入自己所需的東西。早期墟市的經營者通常是大宗族，以收取租金盈利，像是錦田鄧氏的元朗墟，或是上水廖氏的石湖墟，以及由粉嶺龍躍頭鄧氏控制的大埔舊墟等。為了打破壟斷，一些村落在十九世紀末也組成了新的墟市來競爭，例如太和市（或稱大埔新墟，今富善街）、沙頭角墟等等。除此之外，隨着英國人在香港島建城，大量物資和食品需要從九龍供應，於是催生了富庶的貿易港口，就是坑口、九龍城和深水埗。沒錯，受益於香港島的殖民地，深水埗當年是相對富庶的地方。

而古代的香港社會，某程度上也是圍繞着墟市而組成的。

不同地方的人，都有各自慣常前往的墟市。例如，旺角村的居民通常都去油麻地的市場買賣，但過了旺角河以北呢（沒錯，窩打老道以前是一條河），村民就多去深水埗和九龍城。經常行山的讀者對香港的眾多「古道」應該都不感到陌生，這些不少都確實是古代香港人往來交通的要道，甚至正是以墟市為中心所修築的。例如在船灣淡水湖近涌尾的一段古道上，就有一塊「問路石」，曰「右往烏蛟田東和 / 左往鹿頸深圳圩」，「東和」即東和墟，在沙頭角，而深圳圩（墟），就是現在的深圳東門大街。

不過，當時村民財力有限，修築的古道都只是簡陋的小徑，村民只能將貨物背在身後，負重前行，因此也難以運輸大量的貨物攀山涉水，在香港這種多山的地形下，更是如此。陸路交通不便，一些沿海的村民也會選擇走水路。大嶼山南部的村民，就習慣乘船出海，到長洲買賣。現代人大概很難想像古人連買菜也要具備翻山越嶺的毅力。香港開埠後，政府也很快就發現，從越南進口白米的運費，竟比從元朗買還要便宜！也因為如此，不少村民會選擇把自家種植的優質白米拿到市面出售，然後再買較低檔的米供自己食用。

煮食的工具

食材都弄到手了，到底會煮出什麼樣的菜式呢？在煮食用具方面，香港早期的居民仍用灶頭，燒柴生火。幾乎每一條村，

都有自己劃定的一片山林，專門供應村中的木柴需求。村民定時斬柴，儲存於家中的柴房，某些村莊則會有共用的儲存空間。若有多餘的木柴，村民也會拿去墟市賣給其他斬不夠柴的人，而香港開埠後，城市的用柴需求，不少就是由九龍的村民滿足。

　　一八八〇年代，瑞典科學家發明了火水爐，而 1900 年前，火水爐已經出現在香港。即使是仍在清朝統治下的新界，一些家庭亦已開始從香港島買到火水爐，大概就是今人對氣炸鍋趨之若鶩的感覺，可謂走在時代的尖端。使用火水爐的好處是火勢相對柴火穩定，操作也簡單，但就不如柴火夠鑊氣，煮出來的味道自然不一樣。此外，火水燃料必須從特定的商號購買，不像木柴可在後山斬下或撿取，無疑也是一筆開銷。所以即使有了火水爐，柴火灶頭仍在新界使用了好幾十年，到戰後才逐漸被取代。

　　如此一來，各式食材已經在墟市買齊，木柴燃料也已備好，還差些什麼呢？是水！煮食當然要用水。在香港，幾乎每條鄉村都會有自己的公用水井，以供日常煮食和飲用。至於耕種灌溉，則多引附近河溪的水（現代讀者可能很難想像，如果沒有城市，其實香港各地都遍佈大大小小的河流）。在未進入工業化的年代，除非附近有一些例如染布坊之類高污染的手工業，其實地下水只要煮沸，也是相當乾淨的。當然，既然煲水，何不加幾片茶葉呢？香港原來也有自產茶葉，更有所謂「四大名茶」，分別是大嶼山的雲霧茶（又稱鳳凰茶）、青衣擔竿茶、大欖清明茶和

屯門蒙山茶，其中後者更是「烹之幽蘭茉莉氣，緣山勢高得霧露以滋潤之故，味益甘芳」。

煮一餐家常便飯

是時候開爐了。到底最後端上餐桌的會是什麼呢？十九世紀香港餐桌上的菜式可能只比今天的家常菜稍為簡單一點，但離不開炒菜、蒸魚、老火湯之類。將近二百年前的香港人，日間通常吃粥，或許配一點鹹魚。晚餐和現代一樣，會比較豐盛一些，主要是白飯、蔬菜、水果，也可能會有一些醃製肉類或鹹魚，如果是在沿海地區，甚至每天都可以吃到鮮魚。至於鮮肉，一些較富裕的人家大概每隔幾天都吃得到，而在較偏遠的地域，可能就要過時過節才會有機會了。

我們常常想像古時香港的人們一定都是貧窮的農民，生活一定十分艱苦，連當時的殖民地官員都是這樣想。但若我們仔細研究，又會發現對比多災多難的華南來看，新界的居民雖不至暴富，但也生活無憂。至少三餐定時，生活規律，或許過得比很多現代人還要好呢。

▲ 一九一〇年代九龍城附近的繁華墟市,高添強藏。

▲ 一九一〇年代九龍通往沙田的小路,當時村民賴以來往各個墟市,
今天已擴建成沙田拗道,高添強藏。

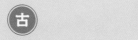
自古有港女：
香港古代傳說中的女性

　　古代社會重男輕女，大部分的記事都圍繞着男性人物為主。如果希望了解古代女性的生活，很多時候就必須仰賴口耳相傳的故事，和文獻中記載的零星線索了。而香港地方雖小，卻也有不少半真半假有趣的傳說。

做個發奮向上的港女

　　據《新安縣志·人物二·烈女》記載，明朝有一位姓何少女，芳齡十八歲，嫁了給粉嶺大族龍躍頭鄧氏的公子鄧仕贇。成為大戶人家的少奶奶，本應生活美滿，豈料婚姻剛滿一年，鄧仕贇就死了。怎麼死的文獻也沒有提，反正在這個故事中男人不重要。但如此一來，這位何姑娘十九歲就成了寡婦，要獨自面對婆家的壓力了。事緣鄧公子的母親不斷宣稱家中貧窮，要何女士離開夫家，另覓生活。當然，有看前文的讀者應該也知道，龍躍頭鄧氏是香港數一數二的大族，縱未算是巨富，也絕不是「貧窮」，這分明是婆家故意要趕人了。結果何女士不但拒絕離開婆家，還找到替人織布的工作，靠此供養全家。說家貧養不起我？我反過來養起你。最終何氏享壽五十歲，在明朝算是十分長壽了。

古事尋源

女神成仙，不必收兵

　　《新安縣志》還記載了另一個跟香港地區有關的女性故事。今次的主人翁與第一個故事的女生一樣姓何，雖不是香港人，但也同樣嫁入龍躍頭鄧氏。生於 1694 年，這位十七世紀的「九十後」，正是奇女子一名。年少靈慧，兼且是一名素食者，何小姐除了是家中千金，更是一位預言家。一日，何小姐的父親要從莆心（今深圳北部）的家南下九龍探親。一行人出發後，何女突然從夢中驚醒，跟母親說：「父親回程時經過獅子山的山坳，會遭遇老虎的攻擊，但不用擔心，他兒子會幫他打敗老虎，應該不會有事的，明天下午就會回來。」把母親嚇個半死後，翌日父親果然平安回來，確實如女兒所說的，被兒子從虎口中拯救出來。

　　何小姐長大後，依父母之命要與龍躍頭鄧氏的男子成婚。到了送聘日（將男方聘禮送到女方家中），準新娘忽然又說：「姓鄧那邊的送聘人始終會來，但在途中已經將禮品丟失了。」果然，送聘人來了，但就只有人來了，少了禮品。何、鄧兩家最終也有完婚，但何女的「靈性」也漸漸為人所知。

　　到了 1715 年，即她二十二歲那年，何小姐約了好姊妹，要一同前往筍崗（今深圳市內）的廟中拜觀音，途中經過一道溪流，正值潮漲，無法渡過。眾人正苦惱之際，只見何小姐「凌波而渡」，就在水上行走，過了對岸，連鞋履也沒有沾濕。若諸位

讀者有看《天龍八部》，就知道此乃上乘輕功。待其他不諳輕功的家人也過河後，一行人來到一個叫「仙龍墊蒲」的地方，何氏又忽然停住，並向家人要了一張椅（而家人也真的不知從哪裏變出一張椅子）。盤腿坐下來後，何小姐說：「我只剩下三天時間，過了以後，我便可以飛升成仙。如今不能再留下來，實在可惜。」於是，何小姐就在原地打坐冥想三天，終於成了仙女，留下一具屍體。家人立即在原地建了一座神庵拜祭，非常靈驗。而屍體停放在庵中，過了一百年也不腐爛。

到底世上有多少石頭是由人變成的呢？

香港山多，奇石也多，不少傳說也和這些奇石有關。相傳在十九世紀，北角七姊妹這個地方尚未填海，海中心正有七塊礁石。這些礁石原來就是七位女生化身而成的。這七人生於古代，卻是堅定不婚主義者，結為金蘭，發誓一同生活，畢生不嫁，互相扶持，更要同年同月同日死。不料，排行第三的女生被家中逼婚，不可不從。仔細思量後，三妹決定堅持原則，惟父母之命極嚴，要拒絕，除非身先死。於是七位姊妹相約北角海邊，一同投海自盡，是為對逼婚的最大控訴。七人死後，化身七塊大石，矗立在海上，直至一八七〇年代填海埋掉。

在維多利亞港對岸，有一座獅子山，山上有「望夫石」，訴說着一個青梅竹馬遠距離戀愛再加上孤兒元素的感人故事。從

前，在一條村莊裏面（或許就在沙田？）有一女子誕下女兒後過世，而父親忙於工作無暇照顧幼女（古代疏忽照顧兒童並不違法），幸得鄰居收留。後來父親工作過度操勞，也死了，幼女變為孤兒，成了鄰居家的童養媳（即在相當年少時就成為婢女，長大後與同年紀的主人家兒子結婚）。女孩與鄰居的兒子一同長大，也順理成章地組織新家庭，又生下了兩個兒子。然而好景不長，家中經濟拮据，男孩必須出外打工掙錢，留下女孩照顧兩子。因想念丈夫，女孩每天都會登上獅子山，遠眺天際，祈盼有天能望到夫君回來。一日，女孩照樣背着幼子，手牽長子，在山上長嘆。忽然天色一變，風雨交加，一道雷電直劈下來，就打在母子頭上，頃刻間將三人……化成石頭。是的沒錯，人類被閃電打中後便會化成石頭，這是古已有之的物理定律，而且體積還會變大，因為今天看到的望夫石高十五米。

傳說各有精彩，而我們亦可從中看到不同階層、身分的女性在古代社會中的百態。大族千金，婚嫁後一樣要面對婆家壓力；視貞節為最重要原則的女性，寧願投海自盡也不可讓海盜羞辱；當然也有堅持拒絕走入愛情墳墓的人，以及在婚後因現實困境而不得不承受相思之苦的人。至於羽化而登仙的那位，與塵世無涉，就不討論了。

但這些始終是特例。即使這些女性真有其人，也只能代表一少部分受人注目的例子（而且是以符合當時道德禮教規範的例

子）。更多的女性，沒有太多記載，只有在志書中「烈女」、「貞女」、「節婦」、「壽婦」等欄目有一行起兩行止的記述，甚至是連族譜中也完全沒有記錄留下，彷彿從未存在過一般。要了解她們真實的生活和處境，恐怕仍是十分困難。

▲ 七十年代的望夫石與尚未完全開發的沙田

課金吧！
回到古代香港辦一場眾籌

現代網絡世界，眾籌盛行，即使是沒有資本、沒有經驗的人，只要有一個好想法，就可以在眾籌平台收集支持，將這些意念化成現實。不過，在未有網絡，甚至沒有媒體的古代世界，眾籌卻也不是新鮮事。雖然這些眾籌未必是關於什麼新發明或新產品，而是各種不同的建設，對居民的生活卻大有幫助。

古代的籌款目的

要眾籌，首先當然要想籌款目的。古代香港人的眾籌項目有哪些呢？喜愛遠足的讀者，如果行經荔枝窩至沙頭角一帶的路段，或許也見過一塊古石碑，題為《創修荔枝窩村直達東和墟大路小序》。原來這條廣受行山人士歡迎的路線，正是一百年前的村民眾籌建成的！碑文云：「道路崎嶇，桑梓之交通未便，關山修阻，行人之道路維艱」，所以就要籌集資金開闢一條山路，從荔枝窩村到位於沙頭角的東和墟，方便村民前往買賣。補路之餘，當然也要修橋。香港河流眾多，修橋過河也是重要的公共工程。但恐怕眾籌次數最多的，就是修建廟宇了。信仰是傳統社會重要的支柱，建造和修葺廟宇自然是比較容易籌款成功的了。

港　古　文　化

　　那就來修一座廟好了。要重建一座破落的古廟，眾籌目標應該定在多少錢呢？同樣是沙頭角，山嘴村的村民在1896年決定把協天宮拆卸重建，大家紛紛有錢出錢，有力出力。在新廟內的《重建協天宮碑記》便記載了各捐款人的善款數字。屈指一算，一千四百七十八位捐款人，合共籌集了折合約一千四百二十一元港幣的資金，平均每人捐款將近一元。1896年的一元是多少錢？在那一年，香港島和九龍的白米價格是每磅五毫，而苦力的薪水則由每日兩毫至一元不等。

　　不過，眾籌的錢從何來？農村人家並不有錢，怎麼可能要他們捐出一大筆錢呢？眾籌的目標捐款來源是什麼？原來，眾籌的捐款人，並不一定要在本地找。在十九世紀末，不少新界的村民都透過香港，出洋到世界各地打工。美加、澳洲、南洋等地統統都可以找到香港人的身影。這些勞工賺到錢，就會寄回家鄉，可能是供養家人，可能是為家人建造新的房子，而捐到這些基建眾籌項目上也是常見事。回到山嘴村協天宮的例子，捐款便來自多達五十六處不同的地方，遍佈太平洋的各處。

新金山波大穩埠

無獎競猜：「新金山波大穩埠」是在哪裏？

「新金山」原指墨爾本，是繼三藩市後最受華人淘金熱注目

的地方，但當時的人也經常直接借代為澳洲。至於「波」者，
Port 是也；「大穩」自然也是音譯，即 Darwin。所謂「新金山
波大穩埠」，就是 Port Darwin，今譯達爾文港。在《重建協天
宮碑記》上，還有很多不同的地名，皆與今天的譯名不同，有些
比較明顯，例如「巴拏孖正埠」就是巴拿馬，但也有些難度頗高
的，像「老金山威利士咪水銀山」，「老金山」是加拿大，「威利
士」是卑詩省的 Williams Lake，「咪」是 Mine，「水銀山」就
是礦山（本應是銅礦，「水銀」應是誤植）。「波大穩埠」共有三
人參與了這次眾籌，共捐出了二十元，顯然是財力比較雄厚的。

　　除了海外村民外，資金還可以在誰身上籌集得到呢？在不
少這類碑文上，也不難發現許多商號。這樣的眾籌是社區的大
事，如果該區內有墟市，市內的商戶也會很樂意慷慨解囊的。
山嘴村協天宮的重建工程，就得到來自東和墟（又稱沙頭角墟）
五十一家商店共三十八元的捐款。如果是在一些商業繁榮的區域
集資，例如是 1879 年的九龍城侯王廟重修，幾乎可以完全依靠
商界支持成事。不過，要是能動用一些人事關係，甚至還可以邀
請清朝地方政府或駐軍的贊助呢！1876 年坑口天后廟重建，居
然就獲得清朝廣東海關贊助五元，還有佛頭洲稅關主管、綠營軍
駐將軍澳的軍官等等皆有捐助，這廟來頭不小呀。

　　集資成功，下一步自然是要把眾籌項目付諸實行了。《重建
協天宮碑記》便記載了工程進行的過程。是次眾籌原由一個叫黃

永彰的人在光緒十七年農曆七月（1891）發起，歷時三年後，於光緒二十年（1894）九月初二辰時「動土平基」，到了十月初五申時「行牆陞樑」，終於十二月二十二日子時「開光進火」，終告完成。建成的新廟，「龍飛鳳舞，洵天地之英靈；水繞山環，誠扶輿之淑氣。局面則田平萬頃，對門則峰嵷七娘。左有梧嶺為屏，喜層巒之壯麗；右有員山如庫，欣吉宿之來臨……」是的，不把完成品寫成這樣，要如何跟諸位金主交待呢？

立一塊碑吧！

正正因為要向金主們交待，因此眾籌項目的最後一個步驟，就是要立一塊碑石，講述整項工程的來龍去脈，以及把捐款者的名字逐一刻在碑上，以表謝意。這才有了這些石碑供現代的歷史學家研究。在現代的眾籌計劃中，交待資金的去向和用處非常重要。而在以前，也有些石碑有類似的紀錄。例如，1852 年大澳重修關帝廟，其碑文末便註明：「眾信合共題助……實銀捌佰零捌兩有奇；一支辦磚瓦、木料、灰石、工匠、金水各料件、并建客廳後園碑石各雜項、共計支實銀陸佰叁拾陸兩。一支開光、奠土、演戲、花炮、各雜項共計支實銀壹佰柒拾貳兩壹錢，二共合計支實銀捌百零捌兩有奇」當然，這類的「開銷報告」準確性為何，就見仁見智了 —— 收入和開支都是剛剛好八百八十兩，不多不少，有可能嗎？

　　早期的香港，可謂熱愛眾籌之地，自十八世紀中到第一次世界大戰爆發的 1914 年，香港大大小小可考的這些眾籌石碑有將近一百塊，還未算上那些沒有立碑，或者是碑石已隨年歲消失的眾籌。其中的「眾籌之王」，大家知道是誰？原來是大澳。自 1802 年起的一百年內，大澳先後修了四次洪聖廟、三次天后廟和兩次關帝廟。大澳人原來也相當有錢呢。

　　歷史學家流行一句話：「入廟找碑」，傳統廟宇中的碑文往往能提供許多不同的信息。下次進入寺廟，不妨留意一下，有沒有前人「眾籌計劃」留下的蛛絲馬迹。

▲ 東涌侯王廟有〈東、西源堂碑誌〉，記載重修廟宇的捐款名單。

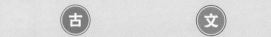

大嶼山竟有美人魚？
跟你想的不一樣

幾乎世上每一個文明，都有自己家傳戶曉的神話和傳說，一些更會成為所謂「建國神話」，像中國的三皇五帝、韓國的檀君、英國的亞瑟王、新加坡的魚尾獅等等。神話一般是人們理解遠古時代的一種方式，以超自然或想像的情節，填補正常歷史述事中的空隙，尤其是關於世界或是民族的起源。

香港有沒有自己的神話？世界各地都有，香港當然也不會例外。最早的神話，當數盧亭人魚的故事。話說在一千六百多年前，盧循舉兵起義，反抗東晉政府的統治，失利退至今越南境內。正史記載盧循在現今越南河內投紅河自盡，但在神話裏，盧循卻是往南逃到現今的大嶼山，自此與手下一起隱姓埋名生活。而盧循和手下的後代竟漸漸變成一種半人半魚的生物，人們稱之為「盧亭人」。

盧亭人到底是什麼？十七世紀《廣東新語》中，作者屈大均這樣說：「有盧亭者，新安大魚山（即大嶼山）與南亭、竹沒、老萬山（今萬山群島，在香港水域之外）多有之。其長如人，有牝牡（即雌性及雄性），毛髮焦黃而短，眼睛亦黃，而鬈黑，尾長寸許，見人則驚怖入水，往往隨波飄至，人以為怪，競

逐之。有得其牝者（雌性），與之媱，不能言語，唯笑而已，久之能着衣，食五穀，攜之大魚山，仍沒入水，蓋人魚之無害於人者。」由此描述可見，盧亭人毛髮眼睛皆係黃、黑色，有尾巴且識水性，雖然怕人，但女性盧亭人仍會與人類嬉笑，不過不懂得講任何語言（或是不懂本地人類的語言），最終在與人類交流頻繁後，也漸漸適應人類的生活。

你聽過一首盧亭詩嗎？

這位人兄另有一首〈盧亭詩〉，描述卻又跟《廣東新語》不同：

老萬山中多盧亭，雌雄一一皆人形。
綠毛遍身只留面，半遮下體松皮青。
攀船三兩不肯去，投以酒食聲咿嚶。
紛紛將魚來獻客，穿腮紫藤花無名。
生食諸魚不煙火，一大鱸魚持向我。
殷勤更欲求香醪，雌者腰身時嬝娜。
在山知不是人魚，乃是魚人山上居。
編茅作屋數千百，海上漁村多不如。

詩中的盧亭人「綠毛遍身」，而不是《廣東新語》中的「毛髮焦黃」；「生食諸魚不煙火」，而不是「食五穀」。除此之外，

詩云「編茅作屋數千百」，但公元九世紀時卻有《嶺表錄異》曰：「盧亭者，盧循前據廣州既敗，餘黨奔入海島野居，唯食蠔蠣，疊殼為牆壁」，那麼盧亭人似乎是水陸兩棲，不過到底是以茅草還是蠔殼建屋？從邏輯常理去看，似乎是前者——要準備多少蠔殼，才能「疊殼為牆壁」？其實古時蠔殼的確是重要的建築材料，不過主要是燒製後變成蠔灰，加水而為磚頭間的黏合劑。

除了互相矛盾的描述外，盧亭的故事背後，其實還潛藏着漢人古已有之的歧視習慣。也有些說法，指所謂盧亭人，真實身分就是香港的原住民族——蜑家人。南宋人寫的《嶺外代答》中便有〈蜑蠻〉一條寫道：「廣州有蜑一種，名曰盧停，善水戰」。蜑家人本非漢人，有說是古百越族的後代，也有說是瑤族的分支，反正都是「南蠻」，受盡漢人的欺凌和歧視。十九世紀《嶺南叢述》便說他們是「屹蠻種類」。蜑家人在歷朝歷代都不能與漢人平起平坐，例如不准參加科舉考試等，在 1197 年，宋朝軍隊更登上大嶼山大肆屠殺蜑家島民，只因他們私自曬鹽謀生。

對蜑家人的想像

把蜑家人想像成半人半魚的生物，背後的邏輯其實也就是把他們視作缺乏文明的野蠻人（甚至沒有把他們當人），然後等「文明」的漢人來「教化」之，於是漸漸就「能着衣，食五穀」，還會對着「人類」「殷勤更欲求香醪（醪即酒也）」。這種貶低其

他民族的思維，其實跟十八、九世紀歐洲殖民者對待有色人種的方式別無二致。倒是英國人在建立香港後，對蜑家人不薄，在接受他們的幫助後往往回以其他優待。香港開埠後的城中首富盧亞貴，正是蜑家人，靠着英國人為報答他早年幫助而撥給他的土地成為巨賈。現代香港一些城中名人，其實都是蜑家出身，例如商人霍英東。

除了種族歧視的問題外，讀者又有沒有發現，幾段對盧亭人的描述，都提到「雌性」？〈盧亭詩〉云：「雌者腰身時嫋娜」，形容她們身材吸引；《廣東新語》則謂：「有得其牝者，與之媱，不能言語，唯笑而已」。這裏的「媱」是什麼意思？此字可解「嬉戲」，也可形容女子「放蕩」。十世紀《太平廣記》中有〈海人魚〉一篇，提到「陰形與丈夫女子無異，臨海鰥寡（年老寡婦）多取得，養之於池沼。交合之際，與人無異，亦不傷人。」這裏的「海人魚」跟盧亭人是否同一種生物不得而知，但原來對當時的人來說，竟是拿來發泄性慾。

香港人的身世

當然，說這麼久並不是要把漢人貶成無惡不作的禽獸，畢竟欺壓弱小民族、凌辱異族女子的惡行，自然不是漢人獨有的，更不是歐洲白人的專利。但在盧亭人的故事中，有人卻說看到香港人的身世：祖先抵抗暴政失敗，逃難南下，在艱苦環境下努力

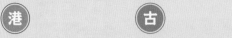

生存，最終自行演化，適應了新環境（顧炎武正是這樣形容盧亭人的：「從舟逃居水上久之⋯⋯能於水中伏三四日不死，盡化為魚類也」），這豈不正是六、七十年代的香港經濟起飛「神話」乎？同時，演化後的盧亭人又似人非人，找不到自己的身分。正是由於這種關聯性，近年才有不少影視作品都加入了盧亭人魚神話的元素，像是陳果的電影《三夫》、周星馳的《美人魚》、無線劇集《十二傳說》等等，人魚成為探索「香港人」身分的意象。

　　神話本身的真偽，其實不太重要，大概也不會有人專程前往大澳，期望可以野生捕捉盧亭。神話之重要，是在於其社會文化意涵。神話在其流傳的時代，以至今天，代表着怎麼樣的社會結構和象徵意義？這才是學歷史所關心的問題。至於 1993 年《南華早報》報道，有香港仔漁民聲稱捕獲盧亭人魚，那就信不信由你了。

土

地

解

謎

1513：葡萄牙在屯門發現新大陸

「看到陸地了！」1513 年 5 月 1 日，一名葡萄牙水手高聲叫道。船長區華利（Jorge Alvares）探頭一看，就知道他終於到達大明帝國的邊界。一個月之前，區華利奉上級之命，率領五艘馬來帆船從馬六甲啟航，他的任務是要找出那些他們在印度和馬來亞遇到的支人（Chijns）到底是何方神聖。

揚帆出海，發現新大陸

早在前一年，葡萄牙國王便寫了信去剛剛建立的馬六甲殖民地，命令總督派人調查那些中國人，搞清楚他們來自哪裏、通常什麼時候會來到馬六甲、他們擅長經商抑或打仗、到底他們只有一個國王或是很多個、他們喜不喜歡跟阿拉伯人打交道……國王一口氣問了一整頁紙的問題，總督只好派區華利過去，看個究竟。

於是區華利帶着自己的兒子、一個叫伽西亞（Garcia Chainho）的貿易官、兩個秘書佩羅（Pero Sallgado）和佛朗西斯哥（Francisco Pereira）、一個名叫 Cheilata 的中國人，還有一些水手，拿着一幅以馬來文標記的中國地圖，來到了珠江

河口。他透過隨行翻譯詢問當地的村民，這片土地的名字，然後送回本國的報告裏說是 Tamão。

Tamão 是葡文譯音，這片土地叫做屯門。

到埗第一件事，當然是打卡

對十六世紀的人來說，屯門是一個相對大一點的地理概念，從今天狹義的屯門，一直延伸到大嶼山和荃灣。所以區華利一行人實際看到的地點很難確定。來到香港，他們做的第一件事，是找到當地的明朝官員。明朝的官員告訴他們，外國人不能隨便登岸，但他們在附近有一座伶仃島，奉行「一國兩制」，專門讓外國人停留。於是區華利一行人便轉往伶仃島，然後將從馬六甲帶來的石柱立於地上，象徵葡萄牙人正式發現了通往遠東的航路。這其實是葡萄牙的傳統，要在探險家所到各處以石柱「打卡」，並稱之為發現碑（Padrão）。區華利的兒子後來染上疾病而死，也葬了在這塊發現碑下。

在這座島上，區華利遇到很多從不同國家前來經商的人。東起琉球（今沖繩）、福建，南至呂宋、婆羅洲，西抵高棉（今柬埔寨）、暹羅（今泰國）、越南、占婆（今越南南部）等國，全都匯聚在這一座龍鼓灘對出的小島上。不過由於明朝和日本關係不佳，所以沒什麼日本人。

有趣的是，1513 年也是歐洲人同時到達太平洋東、西端的一年——區華利在香港，名叫「巴爾柏」的西班牙探險家在巴拿馬。雖然，他們當時並不知道各自發現的其實是同一片海洋。

熱情好客的本地人

區華利在屯門大概逗留了大半年，不長不短，也足夠讓他們體驗本地的生活，大開眼界。在這裏，從居民的日常衣飾、飲食、工作，到慶典時節要大排筵席，或是燒香拜神，對區華利來說都是聞所未聞的新鮮事。區華利特別對水果感興趣，像是荔枝、龍眼、楊桃、枇杷，還有一種「奇怪的橙」，即碌柚。香港夏天對葡萄牙人來說畢竟太熱，沒有水果消暑實在不行。

除了精彩的體驗外，區華利也遭遇颱風。畢竟他們是在夏天抵達，很快就來到颱風季。本地人總可以預先知道颱風什麼時候會來（不再航海的現代香港人恐怕已經喪失了這個技能）。還好區華利也尚算機警，在本地漁民的幫助下，也趕緊將自己的船移到較安全的港灣裏。

回到馬六甲

區華利大概在翌年的三至四月間離開屯門，順着東北風，啟程回到馬六甲。他們帶回了大量關於中國的所見所聞，還有少

量的貨物，例如是桐油。桐油出自盛產中國南部的油桐樹，是木船上很好用的防水塗料，而油麻地正是其中一個離區華利最近的桐油產地。自從區華利在香港一帶買到桐油，此產品更是風行葡萄牙航海界。

在一年之內，第一個歐洲人以海路抵達中國的消息已經傳遍西方世界。從馬六甲到屯門的這條航線已經廣為西方航海界所知，從印度到意大利，皆是如此。等等，為什麼葡萄牙的航海成就意大利會這麼感興趣？原來葡萄牙和意大利是競爭對手。意大利一直依靠陸路貿易，透過與土耳其和阿拉伯人打交道而獲得東方的貨物。自從葡萄牙人在海路繞過非洲和中東直達印度，意大利的生意就已大受打擊。如今區華利還到了屯門，打開了通往中國的航路，對意大利商人就更是威脅。

葡萄牙透過屯門認識中國

值得一提的是，到了這一刻歐洲人才恍然大悟──原來馬可波羅口中的 Kingdom of Cathay（契丹王國），就是中國。Cathay、Ming、China、Chij，原來都是指同一個國家；Pekim、Peking、Cambaluc，都是指同一個城市：北京。當然，以訛傳訛下，屯門這個地名也開始有不同的譯音了，除了一開始的 Tamão，還有 Tumon、Tamou 等。

從屯門帶到歐洲的資訊，經幾手傳閱後已經走了樣。例如，他們不知為什麼下了一個結論，認為中國的皇帝都不是世襲的，而是由全國代表選舉出來，還要經由大臣批准才可上任。五十年後一個葡萄牙詩人賈梅士到訪澳門，寫了一首詩，其中幾句粗譯如如下：

統治大地的王，並不生而為
（Estes, o Rei que tem, não foi nascido）
王子，非由陛下傳予兒孫：
（Príncipe, nem dos pais aos filhos fica;）
他們把最有名望的他選出，
（Mas elegem aquelle que he famoso）
成為有智慧和賢德的騎士。
（Por cavalleiro sabio, e virtuoso）

中國透過屯門認識葡萄牙

當然，同樣的翻譯和理解錯誤也會發生在中國。當阿拉伯的商人在屯門為中國人介紹葡萄牙人時，說他們是法蘭克人，因為在阿拉伯人眼中，所有歐洲人都是法國人。於是中國人聽了，便開始叫葡萄牙人為佛朗機了（法蘭克近音）。當時葡萄牙人為中國帶來了先進的大炮當禮物，中國人也順手稱之為佛朗機炮。但是，過了好些時日後，人們就混淆了，以為佛朗機就是「佛朗

機器」之類。後來一些明朝官員，像顧應祥等也不得不澄清：
「佛朗機：國名也，非銃名也」。

　　這就是歐洲人第一次到達香港，也是歐洲人毫無爭議的第
一次到達中國（馬可波羅到底有否真的到過中國，至今仍無定
論）。這首次相遇就發生在屯門，是香港本地居民與葡萄牙以及
來自亞洲各地商人的盛會。當然區華利還會再回來的，但那就是
另一個故事了。

▲ 1794 年英國畫家 John Meares 筆下的大嶼山

1521：明朝大軍攻打屯門

　　自從 1513 年航海家區華利率隊來到屯門，又滿載新奇東方貨品以及對東亞世界的第一手資訊回到馬六甲的殖民地後，迅即引起了葡萄牙舉國上下對中國的熱情。葡萄牙人似乎對這次探索非常滿意，自然希望長遠與這個神秘的東方國家建立關係。1516 年，葡萄牙國王任命道咩卑利士（Rua de Tomé Pires）為使，出訪明朝。已經到過中國一次的區華利，自然也隨行出發。

1517：再訪屯門

　　今次的船隊比上次更為龐大，人員更多，但出師卻馬上遭遇不利。他們從馬六甲出發，首先要到蘇門答臘裝載胡椒，那是很受中國人歡迎的貨物。但其中一艘船在載貨期間卻起火燒了起來，即使火災救熄了，船隊還是不得不回到馬六甲整備。終於重新出發，卻又遭遇颱風。等到 1517 年，道咩卑利士才再次出發，共有四艘葡萄牙商船和四艘馬來帆船。區華利本來也要跟上的，但他的船卻仍在修理，只得留在馬六甲。

　　幾經波折，使節團總算來到屯門。這時哥倫布的遠房親戚，葡萄牙派往泰國的使節也來會合了，一行人隨即找到明朝的

官員，希望能讓使節在廣州上岸。在屯門再遭遇一次颱風，吹毀了兩艘船後，他們終於得到批准沿珠江北上，來到廣州。為表敬意，船隊來到廣州岸邊，即全體鳴禮炮一響。東亞世界從來都沒有「禮炮」這回事，也沒有這麼響的西式大炮，廣州人馬上慌張起來，還以為那些「佛朗機人」要來攻打廣州，道咩卑利士得費一番唇舌才算解釋清楚。

最終這位葡萄牙使節並未成功抵達這不知在哪裏的北京，也沒見到中國皇帝，但他和後來趕上的區華利，憑着帶來的貨品，禮待沿途的明朝百姓和隨手解決了幾個屯門附近的海盜，總算與廣州的官員打好了關係。他們還順道找到去福建泉州的航道，並在 1518 年回到了馬六甲。

闖下大禍的一拳

1519 年，區華利奉命再次回到屯門。這次，他的任務是要幫助船隊指揮官西眇‧安德拉德（Simão de Andrade）在屯門建立一座堡壘，這樣以後來貿易的葡萄牙商人就有可以儲存貨物的地方，也有可以躲避海盜的安身之所。既然上次已經與那些中國人打好關係了，今次的任務應該也沒什麼問題吧。回到屯門，葡萄牙人立即着手興建堡壘。關於這座堡壘的資訊很少，大概只能猜測，是一座相對簡陋的木建築，能抵擋一般盜匪的攻擊。

這些葡萄牙人大概忘了一件事，就是上岸要先得到批准！未幾，一些明朝的官員出現了，來到這座木堡，首先把葡萄牙人罵了一頓，大概是說他們擅自登陸之類，然後就要求葡萄牙人向明朝繳稅（葡萄牙資料其實並沒有寫得很清楚，是繳稅還是朝貢？）。但西眇有任務在身，他沒什麼錢繳稅，而堡壘卻是一定要建的。這件事或許是可以透過溝通解決的，但偏偏「中國通」區華利卻不在。是的，他的船又壞了，所以沒有跟着船隊前來，此刻仍未趕上。而偏偏西眇又是性情急躁之人，遇上不太客氣的明朝官員，加之語言不通，馬上大發脾氣，一拳把官員的官帽打落在地。

　　按葡萄牙的國策，所有外在的使節都要與世界所有種族保持友好，穆斯林除外。

　　西眇備受葡萄牙國內指摘，而事件也總算擺平了。他的堡壘依然矗立在屯門海岸，陸續接待幾團從馬六甲駛來的葡萄牙商人，而與屯門的本地居民也大致相處融洽。除此之外，葡萄牙的使節還一路北上，到了北京試圖進見皇帝。一座新興的葡萄牙商城，眼看就要在屯門這裏發展開來，假以時日，或許還會成為殖民地。

攻打屯門和區華利之死

　　時至 1521 年，區華利又再次奉命來到屯門。如今已有可供安居的堡壘，也不再需要申請什麼批准，貿易也逐漸展開，實在沒什麼要擔心的了。他們不知道的是，有些廣東官員仍然對兩年前被西眇打了一拳懷恨在心，一直盤算着要怎麼把這些佛朗機人趕走。就在這個時候，遠在北京的明武宗正德皇帝突然駕崩，廣東官員趁機勒令葡萄牙人離開，並說他們能否再回來，要等新上任嘉靖皇帝的決定。區華利當然不同意，只覺莫名其妙，而且該季貿易仍在進行，還有貨款未收到，也有貨物未運載完畢，怎能說走就走呢？

　　但那些廣東官員也沒有要談判的意思，廣東海道副使汪鋐率領廣東水師突然攻打屯門，措手不及的區華利趕緊招架，但幾艘葡萄牙船艦很快就被擊沉，還有很多葡萄牙人被打死，餘下生還者皆被明軍監禁。區華利本人逃出生天，但困在島上，也沒有船可以回馬六甲。幾個月後，葡萄牙援軍抵達，明朝軍隊已不知所終，區華利卻已病重，奄奄一息，未幾離世。事已至此，眾人只好把區華利葬在八年前他自己立的屯門發現碑之下，與他兒子一起。

眞的不能交個朋友嗎？

到了 1522 年，葡萄牙再一次派船隊到中國，希望與明朝講和兼恢復貿易。但船隊才剛抵達珠江口，就馬上遭到明朝軍隊的猛烈攻擊。葡萄牙人試圖登陸屯門，卻始終無法靠近。最終在大嶼山西北面的茜草灣不敵明軍的狂攻，失去三分之一的船艦，只得撤退。到這一刻，葡萄牙算是暫時放棄與中國交好了。至於那些被中國拘禁的葡萄牙人，就被無奈放棄，有些被中國處決，大多則漸次死於獄中。

或許有些讀者會有種來自鴉片戰爭的印象，認為古代的中國軍隊頗為落後，不是歐洲先進科技的對手。雖然說十六世紀葡萄牙在火器上比中國略勝一籌，但也只是「略勝」而已，科技的差距其實並不太遠，更不是數百年後鴉片戰爭那種所謂「船堅炮利」的程度。十六世紀的火繩槍仍然是非常難以操作和不可靠的原始形態，明朝軍隊本身亦配火器，打贏葡萄牙人也不全然是意外。至於稍後葡萄牙的火繩槍傳到日本被當地人改良，再在朝鮮打敗明朝的軍隊，就是後話了。

沉寂二、三十年，葡萄牙人最終還是希望能再次與中國通商。自一五四〇年代起，葡萄牙人先後在珠江三角洲不同地方碰碰運氣，像上川、浪白澳等地，最終成功落戶澳門。及後澳門發展為葡萄牙的殖民地，香港也在 1841 年成為英國殖民地，屯門

的故事逐漸漸被遺忘。

　　如果葡萄牙在 1521 年守住了屯門，今天的香港會有多不同？

茅湖山廢堡解密： 原來是對付走私活動的法寶

不少讀者都問，將軍澳一帶有什麼歷史？有什麼古蹟？好像在常見的歷史論述之中，將軍澳地區的角色都不太重要。當然，對筆者來說，沒什麼地方是「沒有歷史」的，頂多只是「不為人知」而已，將軍澳當然也不例外。

廢堡非堡，那是什麼？

登上將軍澳後山，不難看到一座名為「茅湖山廢堡」的石建築。建築以一座圓形和一座長方形的花崗石結構組成，這些花崗石很有可能就是來自附近鯉魚門一帶的石礦場。今天看到的露天結構，原本應該是有屋頂的，但長年累月下也倒塌了。雖然這座建築物很像歐洲的城堡，但實際上卻不可能真的是一座堡壘，因為這麼小的「堡壘」，可以保護些什麼？而且從現有的結構看來，也沒什麼安放武器的空間。

那麼，這座茅湖山「廢堡」其實是什麼呢？其實也沒有人知道。過往不少歷史學家也嘗試考證這座建築物的用途，但也是徒勞無功。在缺乏文字記載的情況下，連考證建造年份也十分困難。這些學者找到一些舊照片和零碎的線索，證明此處曾經有清

朝的士兵屯駐過。他們最終得出的結論是，這座「廢堡」其實是清朝海關的一個觀測所，而這個觀測所應該就是歸於佛堂洲稅關的指揮。當時，清朝的海關也都由白人主管，所以某程度上這也能解釋為何清朝的觀測所會有歐式建築風格。這樣的話，這座觀測所必定是建於 1868 年（佛堂洲稅廠成立）後，以及 1898 英國租借新界之前。

新的海關，腐敗的海關

在十九世紀的下半葉，從英屬九龍走私鴉片和其他商品到中國，不論循海路還是陸路，都是讓清朝政府相當頭痛的問題。當時，由於中國對鴉片的需求實在太大，正規的貿易完全不能滿足中國人的鴉片癮。同時，中國對自英屬香港入口的貨物徵稅，增加了正當貿易的成本。於是，不少人寧願鋌而走險，也要走私鴉片，賺取這龐大的利潤。除了鴉片之外，鹽和軍火也是走私大宗商品。

1883 年，港英政府曾經組成一個獨立委員會，專門調查香港的走私活動。報告指出，1882 年香港進口的鴉片共有八萬五千擔，但出口到中國的卻只有六萬五千擔。餘下二萬擔「不知去向」的鴉片，其中五分之一左右就被走私到中國。至於鹽的走私，更是每月多達六千擔！

　　事情嚴重到一個地步，在 1868 年，兩廣總督決定在佛頭洲、九龍城、汲水門和長洲設立稅廠，加派緝私船隻，徵收貨稅。但由於清朝緝私人員訓練和紀律不足，胡亂執法，最終演變成對所有船隻強行攔截收錢，更肆意充公民船，形同封鎖香港，險些演變為外交衝突。直到將近二十年後，清朝掌管海關的官員換人後，事件才漸漸平息。

坑口大罷工！

　　相信清朝的海關人員決定在此興建一座觀測所，正是為了監控將軍澳海灣的動靜。讀者可能覺得難以想像，換作古時，現今景嶺路和寶順路的位置已經是海邊。今日所見調景嶺、將軍澳和坑口等市鎮，都是填海而成的。而十九世紀末的坑口，更是一個繁忙的墟市和碼頭，很多形形色色的船隻出入。

　　而正正也是坑口墟的商賈，無法忍受清朝海關暴戾的新政策，憤而發動罷市抗議！據 1874 年《申報》報道，當時「緝私人」經常「苛索漁船陋規」，「每艘收取銅錢二百八十枚」，終於有窮苦漁民交不出規費，被海關人員毒打，連仗義執言的路人也不放過，致其「負傷頗劇」，更將兩人帶走。坑口的居民收到消息後怒不可遏，「於是其市遂罷」，各商戶約好一同關門不做生意。除此之外，眼見清朝地方政府沒什麼讓步的意思，他們又「聯名具稟」，以今天的話說，就是發起聯署，彰顯民怨之沸騰，

兼向政府施壓。最終政府答應釋放兩人,這才了結事件。

走私怎麼走?

要走私貨物到中國,將軍澳是其中一條必經的海路(另一條海路從西邊經馬灣海峽,而陸路則在城門一帶穿越走私峽,也就是今天的孖指徑)。究竟要怎樣走私貨物呢?從拆家收到貨物後,他們通常只用普通的貨船,以求不引人注目,但卻裝備了比一般船隻更多的火炮和武器,以備不時之需,而那些貨船亦通常不是在香港註冊的。1877年港英政府曾經討論過一宗走私案,有艘小型貨船載着660顆鴉片煙球,夜半三更出發,越過維多利亞港進入將軍澳,不過就被清朝海關發現捉拿。到了1883年又有人嘗試從陸路走私鴉片,在九龍遭遇警察,更爆發槍戰。就連自製海關旗幟,假扮緝私人員,也有人試過!

清朝稅關的船隻每天在香港外圍的海域巡邏,遇到走私船隻,就會嘗試攔截,甚至是直接開火攻擊。除此之外,海關亦依靠像茅湖山上的這類觀測所提供情報。每有發現可疑船隻,駐在茅湖山觀測所的人員就會以烽火或信號燈聯絡佛堂洲稅關(當時無線電還未發明!),再由稅關派出船隻逮捕之。

海關撤離之後：從麵粉廠到難民營

　　話說回來將軍澳的這座茅湖山，在清朝海關撤出香港後，有一位名為倫尼（Alfred Herbert Rennie）的加拿大商人於 1905 年在山上興建了將軍澳麵粉廠，因此英文有時也會稱調景嶺為倫尼廠（Rennie's Mill）。雖然廠房規模甚大，可以每天製造八千袋麵粉，但倫尼的生意也沒有什麼起色。隨着 1908 年倫尼本人在廠房內自殺，麵粉廠也倒閉了。此後，山上又相繼出現過不同的建築物，像是隔離檢疫設施、球場以及 1950 年代的難民營，如今則是熱門登山路線。

　　茅湖觀測所目前是一級歷史建築，而附近的古蹟包括舊調景嶺警署和前區域市政總署西貢區防治蟲鼠組員工宿舍。大家不妨就趁周末登上茅湖山，想像自己就是海關人員，眺望廣闊的海灣，看看你能否追蹤山下來來往往的人們吧。

▲ 1907 年的將軍澳麵粉廠，左邊半山腰上的尖頂小屋就是茅湖山觀
　測所，香港大學圖書館藏。

▲ 茅湖山觀測台如今已被政府圍封，只能在鐵絲網外觀賞。

爲什麼地皮叫地皮？
原來跟古代地產霸權有關！

　　諸君以為我要借這篇文章攻擊香港地產商，批判資本主義嗎？非也。如果這樣就讓你猜到，香港史就不好玩了。其實「地產」這東西，可以說是現代的產物，但同時也是由來已久的。自人類歷史開展以來，所有農耕文明都有「地主」（當然游牧文明有沒有「地主」這回事，就是另一個題目了），也就有了「地產」。英國人在十九世紀得到香港時，為了接收香港島土地業權，就曾經花了不少力氣，搬來了一部《大清律例》，翻譯了關於土地制度的部分。結果到了落地執行時，卻碰了一鼻子灰：原來在香港地區，根本從來都沒有執行過清朝官方的土地法律！那麼，古代香港的地產世界，究竟是怎麼樣的呢？

「地皮」、「地骨」

　　這篇主要從十七世紀中葉講起，在此之前基本上人口較少，大抵就是香港先民們自行開山闢地居住，也沒什麼土地「制度」可言。而這一套與清朝官方制度截然不同的土地制度，也就在這段時期慢慢發展起來。

　　今天常稱呼土地為「地皮」，大家有否想過詞彙的來源？究

竟有沒有「地肉」、「地血」之類的呢？

原來「地皮」是香港已經有幾個世紀歷史的地產術語，雖然沒有「地肉」和「地血」，卻有「地骨」！古代的香港土地業主，可以分為「地骨主」和「地皮主」。地骨主擁有土地本身，負責繳納土地稅（理論上是這樣，但逃稅避稅並不是現代才有的事），然後向地皮主收租；地皮主向地骨主交租後，擁有的就是由該地段所產出的農作物或其他產品。

未有甲級寫字樓，黃金地段通常用來種菜

但各位一定說我騙人，這分明就是地主和佃農的關係，怎麼會把兩人都叫作「業主」呢？這其中的差別就是，有些地皮主之下，還會再有一群佃農。為什麼？因為人是可以同時擁有很多不同土地的「地皮權」的，他們會另外僱用佃農耕作這些「地皮」，透過販賣所得農產品得到利潤（其中又以各式蔬果最賺錢）。舉個例子，香港島掃桿埔（即銅鑼灣大球場附近一帶）的地骨主是上水廖氏家族，在十八世紀之前就把同一幅土地的地皮權賣給了上水侯氏。但地皮主侯氏遠在上水，當然不可能親自耕種，於是便另僱掃桿埔附近的村民為佃農，負責實際的耕作。

等等，為什麼遠在上水的廖氏和侯氏，會對香港島上的土地感興趣？要記得當年交通不便，沒有鐵路也沒有汽車，要從上

水到港島，只能靠雙腿和小船。那是因為，自上水到港島之間的可耕地，都已經開發了。是的，我要進入「地產霸權」的部分了。實際上，廖氏也只擁有香港島的一小部分業權，香港島的可耕地大多屬於香港最大的地主——錦田鄧氏所有。錦田鄧氏所擁有的土地，除了元朗平原和香港島外，還包括荃灣、大嶼山、西貢、今天的九龍西一帶等，足以媲美今天的大地產商。除了錦田鄧氏外，大地主還包括龍躍頭鄧氏，持有自大埔、粉嶺到打鼓嶺、沙頭角一帶的大量土地；或是深圳河對岸的黃貝嶺張氏，自羅湖到沙頭角都一度是他們的勢力範圍；還有南頭的黃氏，也買下了南丫島和香港仔的漁排。

《大清律例》一點參考價值都沒有？

說這麼多，那為什麼今天會叫土地為「地皮」，而不叫「地骨」呢？那就要回到文首說過英國人接收香港的問題了。話說英人 1841 年建立殖民地，收地進行開發時，根本無從辨識土地真正的業主是誰。結果就被在地的佃農所瞞騙，把收地的賠償交了給佃農。那些地主尤其是錦田鄧氏血本無歸，跑到清政府告狀，當然是徒勞無功，但也掀起了一小段外交風波。於是到了 1860 年香港擴界到九龍時，英國人學乖了，要求地主交出按照《大清律例》規定，曾在清政府登記並蓋上紅印的地契（因此稱為紅契，沒有登記者為白契）。但問題很快出現了：當初為了逃稅，很多地主在交易土地時根本沒有向清政府登記，甚至連地契也沒

有寫，只有口頭承諾。由於出現大量偽造的白契，而清政府的登記紀錄也乏善可陳，港英政府無奈之下也只能承認少數有登記的紅契，其餘則被當成無主地。

到了 1899 年，港英政府決定接收新界時，就決定必須想辦法保護大部分人的土地權益——那些地主宗族已經為了保住土地業權，發動了一場六日戰爭（當然他們自己的說辭是「保家衛國」，信不信由你了），以新界這麼龐大的人口，如果處理不宜，恐怕又是一場政治災難。於是政府決定不再管那些地契了，也不再容許「地骨」、「地皮」這種雙地主制度，而推出「集體官契」政策。在「集體官契」下，所有在地的佃農改向政府交地租，為期九十九年，變相成為新的「地皮主」，而政府就成為了唯一的「地骨主」了。原來的地主們當然很不高興，但佃農們卻因為交少了租金（政府要求的租金比原來的地主便宜），也不用再受地主的氣，便樂於接受新制，不肯再理會地主了。

香港的地產霸權，比你想像中更歷史悠久

那些地主宗族，已經是香港地區數百年來的「地產霸權」，透過持有大量土地的地骨權，以及交易地皮權，除了經濟上巨富以外，也成為了宰制社會的龐大政治力量，掌控着佃農的生活，也要求他們表現忠誠，十足歐洲中世紀封建世界一般。一些佃農村落，甚至到了七十年代開發新市鎮之前，都仍然未能完全擺脫

「臣服」於地主大宗族的心理。1900 年的「集體官契」政策打破了這種局面，算是政府無心插柳之下的善舉。這樣的政策在二十世紀會漸漸產生其他問題，例如是原居民權益、丁屋問題等，不過這些都是後話了。

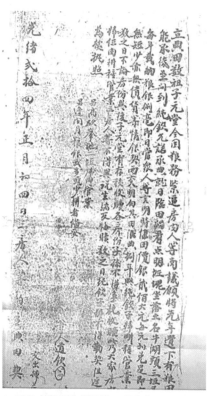

▲ 1898 年西貢牛湖頭的一份田契，香港中文大學圖書館藏。

原來深水埗也
發過大財？——香港島開埠後的九龍

不知道大家有沒有想過這個問題：1841 年香港島開埠，對岸九龍的居民作何感想？試想像你是從小到大未踏足過九龍以外地方的深水埗村民，某日照常出海捕魚，卻驚見港島上出現了臨時的軍營，有旗杆，上面掛了你不認得的藍、紅色旗幟，又有許多身穿紅衣，頭戴高帽的士兵走來巡去，駛近一看，個個身高八尺，鼻大而挺，眼睛還是藍色或綠色的，十足神話裏鬼怪的形象。仔細一想，不，這些「鬼佬」你是見過的。兩年前你正要走去油麻地採購桐油和麻繩補船時（沒錯，油麻地便是生產桐油和麻產品之地），便看過這些「鬼佬」，在攻打官涌炮台。你依稀記得當時官軍好像是成功守住了官涌山的。那麼「鬼佬」不是被打敗了嗎？怎麼又回來了？要不要告訴官府？

這些村民缺乏對外資訊，自然不知道官涌戰役後，鴉片戰爭的結果如何。他們很可能根本就不知道曾有過鴉片戰爭。我們大概都不可能知道他們如何得知對岸的那些「鬼佬」營地，便是大清割讓了給「英夷」的領土。這片新的殖民地，對九龍的村民來說，是禍是福？或許我們應該先問：「一八四〇年代的九龍長什麼樣子？」

一百八十年前的深水埗

後來成為香港區會督的施美夫牧師（Rev. George Smith）在 1844 年時到訪過深水埗，他對附近村落的描述譯成中文後大概是這樣的：

「這片鄉郊都被闢為田野，主要種了蕃薯和一種很像生菜的椰菜。小路九曲十八彎，且相當狹窄，夾在左右圍欄之間，並有小溪流過。沙灘很美，很寬闊且多沙。村民很淳樸和開放，其中一位還請我們喝茶。在第一條村，我們還看到一座廟，似乎是拜祭某個代表慈悲的女神，或是『上天的皇后』（按：即天后），裏面有一個女性神像，她手裏抱着一名男嬰，神像身後又有三尊佛像。人們很興奮的向我們展示一些聖物，但絲毫沒有任何宗教上的敬畏。廟的附近有一間屋，從大門走到中堂，牆上都有一長串的刻字。這應是用來表示這村中有人曾考過科舉，並得到舉人的資格。」

當時的九龍主要有兩個主要的市集，分別是深水埗和九龍城，大概可以想像，這兩個地方的居民應不至貧窮，但也與「生活富足」還有一點距離。從以上的描述可見，他們並不特別對洋人有戒心。

還未填海的維港兩岸

那麼，香港島的開埠有什麼影響呢？最主要的，可能還是經濟上的改變。當時深水埗透過與新成立的香港殖民地貿易，漸漸成為了一個商業市鎮。當時的九龍村民每日都會將香港島所需要的不同物資，例如白米、蔬菜、禽畜、木柴、麻織品等，賣到深水埗或九龍城的市集，再出口到港島。雖然新界物產更為豐富，但運送困難以致成本過高（當時港島若從元朗入口白米，比從越南入口還要貴），反而讓九龍擁有優勢。翻查當時的紀錄，香港政府每年都會張貼物資採購清單，徵求供應商。仔細一看，不難發現其中不少物資，尤其是食品菜蔬，都可輕易在深水埗和九龍城的市集找到。深水埗和九龍城的市集並不只有九龍村民的勞動成果，也會找到來自香港島的商品，從港島餐廳的廚餘（用作豬餿），到各式西方產品，像是火水爐（當然也包括火水）。

除了貨出得去進得來以外，人的流動也開始增加。維多利亞城漸見發達，提供了不少就業和移民的機會，不少九龍和新界的居民也開始出外謀生。香港島在 1841 年開埠之初人口約有五千多，而翌年的普查顯示人口已達萬二有餘，到 1844 年更超過一萬九千人。這大量移入的人口，自然包括不少九龍和新界的居民了。在港島就業外，新的殖民地也提供了到海外工作的渠道，其中以海員為多。例如當時加拿大「女皇號」皇家郵輪上便曾有來自上李屋和白薯莨（今李鄭屋附近）的水手。同一時間，

港島的開埠也引來不少中國移民來到九龍，而其中一個原因，便是因城市建設需求而在港島和九龍牛頭角一帶開發的石礦場（石山上原本有一形似牛頭的大石，因以為名）。以客家人曾貫萬為例，在開埠初年自廣東南下，在筲箕灣經營石礦場致富，便在沙田建大屋居住，便是今天的曾大屋了。牛頭角一帶在石礦場帶動下，也發展成了一個小市鎮。

深水埗的出頭天

當時人們的生活確實比更內陸的村莊富足。香港島開埠帶來九龍的變化，並沒有在殖民地向九龍和新界擴張後停止，反而規模變得更大了。隨着九龍半島南端，即尖沙嘴、油麻地和旺角一帶的開發，這些新市區為九龍各鄉村提供了更大的物資需求和工作機會，而九龍乃至新界的居民，也確實繼續受益。租借新界不久，修建青山公路時，一位工程師在長沙灣附近招請工人，留下了這樣的描述：「這裏的居民似乎普遍生活富足，原本還以為會有很多飢民搶着來打工，即使薪資比香港苦力低也欣然接受。事實是，村民要求的薪水頗高，而承包商也必須滿足這些要求。」由此看來，香港開埠後的九龍村民，雖不至暴富，也總算豐足。

等等，說好的「發大財」呢？生活無憂不代表「發大財」吧？其實一般村民只是九龍半島社會的其中一面，而非全貌。另

一邊廂，到了十九世紀末，九龍也開始出現一些富裕的家族，像是上文提過的曾貫萬家族，還有蒲崗林氏（今新蒲崗一帶）和大家都聽過的衙前圍。曾氏發迹的故事已在上文提過，而林氏族譜則記載，在十九世紀時有林華保「好貨財，奔走外國數十年後，積儲數千，旋家，捐納貢生，創造產業」，林華保財產之豐，還可以讓他買了一個「國學生（貢生）」的功名。要知道國學生地位不低，要捐這個官，恐怕也所費不菲。由此可見林氏家族的崛起，也是得益於香港這個對外埠頭的出現。至於衙前圍吳氏和陳氏的富有，可見於他們集資撥地籌辦樂善堂一事。樂善堂在一八八〇年代建立之初，即撥款擴建龍津石橋碼頭，又辦義學，更開展贈醫施藥、助殮濟貧的慈善事業，說明財政上無大問題。而衙前圍的村民，正正就是在九龍城市集經商，以及成為海員或黃埔船塢工人累積財富。蒲崗和衙前圍本來就是東九龍的大村，但和曾大屋一樣在十九世紀一躍成為一方巨賈，這樣算不算是「發了大財」呢？就交給讀者研判了。

　　總結一下，百多年前的深水埗村民，豐衣足食，生活可能過得比二十一世紀的我們還安穩；出洋打工的上李屋村海員，興許還比我們有更廣闊的視野。至於深水埗今天竟以貧窮問題為人所熟知，不無諷刺，但也是後話了。

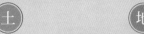
留下還是離開？
出洋打工一把辛酸淚

　　是去或留，要留守熟悉的家園還是遠渡重洋在海外打拼，是近年不少人都遇到的生命抉擇。不過，原來這個問題並不是只有現代人才會問的。諸位或許都聽過「賣豬仔」、「海外華工」這些說法，形容十九世紀末離鄉別井，到外國工作賺錢的人們，或許還聽說過香港曾經是絕大部分這類工人出發的港口。其實，除了有來自中國的人們從香港出發外，不少香港人也在那個時代出走他方。

世界性的超級移民潮

　　十九世紀中葉，美洲、澳洲各國和其他新興地域也各自經歷工業發展和土地開發的階段，對人力的需求不斷增長。像美國要開發西部，加拿大也在拓展鐵路網絡，澳洲的拓荒者也逐漸向內陸邁進，而東南亞也逐漸工業化，需要更多的人手工作。隨後美洲和澳洲發現金礦，又帶來了新一波的人力需求。同一時間，歐美國家正在聯手廢除黑奴，不再依賴非洲奴隸為各種工業提供勞力。如此一來，該去哪裏找人呢？

　　這時的中國南方，既是最窮的時候，也是人口增長極快的

時候。連年戰亂，不論是外部的戰爭還是國內的動盪，都在破壞原有的經濟結構，也就更難以維持這麼多人口的生計。於是，大量的中國人希望離開家鄉，闖出新的天地。而正在煩惱勞工短缺的外國商人，也就樂見其成。當然，對不少人來說，從中國內陸的窮鄉僻壤來到繁華的香港，就已經完成了移民的過程，但也有更多的人，準備前往更遠的地方。

從大帽山到檀香山

大帽山的西北面山腳下，是八鄉平原。在今天荃錦公路的終點附近，就是八鄉古廟，廟內有一塊〈重修八鄉古廟捐題碑〉，記載在 1887 年廟宇重修時，捐款者的芳名以及他們來自哪裏，像是八鄉其他村落，和荃灣川龍附近的上塘村以及檀香山。等等，檀香山？是的，美國的檀香山。為什麼元朗八鄉修廟，會有來自檀香山的捐款呢？那自然是因為，八鄉早已有村民遠赴檀香山工作，積聚財富後，再捐款回到家鄉修廟。

從大帽山到檀香山，這位八鄉村民的遷徙過程很可能是這樣的：某次聚會，聽說別人家的某某子侄早年移居檀香山，工作經年，生活好像過得不錯，還不時可以寄錢回家鄉。想想自己在八鄉應該也難以有什麼作為，這位青年便向前輩請教前往夏威夷的方法。按着指示，他花了大半天的時間，從八鄉走到香港島，找到了招請華工的介紹所。

一份合同很快就會放到他的面前，職員講了一大堆難懂的話，讓他大概也感覺到這個決定是對的，然後就在合同上畫押簽字了。若香港已是如此繁華，到了花旗國，世界肯定更為燦爛。何況當地有親人投靠，怕什麼。於是登上一艘遠洋輪船，離開了家人，離開了熟悉的一切。在太平洋之中航行三個多月，每天都看着同樣的汪洋，每天都往未知前進，最終在檀香山的各吓那埠（夏威夷 Kāhala 鎮）下船。

勇闖世界各地的香港人

像這位八鄉青年那樣的故事，還有多少個？或許比大家想像得還要多。隨着香港這座城市在十九世紀末變得愈來愈舉世矚目，與愈來愈多的國家建立往來，出洋打工的目的地自然也愈來愈多了。除了八鄉古廟以外，香港還有不少廟宇也收到來自外國的捐款，像是西環的魯班先師廟、荃灣的天后宮、沙頭角山嘴協天宮，還有九龍城、油麻地、深水埗、長洲、新娘潭的廟宇⋯⋯

原來早在一百多年前，香港人的足迹早已遍佈世界各地。在東南亞，香港人辛勤地為新加坡、馬尼拉、馬來亞霹靂州、吉隆坡、泰國，甚至是孟加拉的商人工作；在北美，自加拿大卑詩省的礦坑和維多利亞市，到美國的內華達州和加州，都有香港人的腳毛和汗水；還有牙買加、巴拿馬、蘇里南、秘魯這些中南美洲地區亦是同樣；至於澳洲更不用說，達爾文港等等，處處都可

見我們的先輩。

充滿未知的冒險

　　回到剛剛的八鄉青年，到了夏威夷，除了發現沒有 pizza 外（菠蘿加在 pizza 上，是 1962 年才有的），還要面對些什麼呢？除了第一代的移工外，大部分人在選擇目的地時，通常都會選擇有同鄉可以投靠的地方，所以有人照應的話，生活通常都不會太淒慘。這位沒有受過教育，也不諳英語的青年，大概只能做一些體力勞動的生活，像礦工、苦力、建築工人等，賺取時薪過活。有一技之長的，或許可以做更技術性的工作，如果有一點資本，或許可以開一間餐館。閒時會與同鄉賭博耍樂，但總不忘要寄錢回家。有些同鄉遭遇不幸，不論是疾病、意外，還是慘遭惡人所害，都總會發生。

　　但若沒有發生慘劇，而自己又生生性性，安分守己的話，多半都是可以存到一點錢的，甚至還可以致富。九龍蒲崗林氏的族譜記載了一個叫林華保的人，便「好貨財，奔走外國數十年後，積儲數千，旋家，捐納貢生，創造產業」。除了存款外，這位林先生居然還有錢為自己從清政府手上買了一個「貢生」的銜頭，要知道清朝買官雖然普遍，但買得起的人，還是多少有點財力的。還有很多人，其實也沒有在固定的埠頭打工，而是在貨船上當水手，以四海為家。像九龍上李屋和白薯莨村（今李鄭屋附

近）的年青人，就大多在加拿大昌興公司（Canadian Pacific
Steamship Company）的「女皇」系列郵輪上工作，來往香
港、溫哥華和其他大城市。

始終心繫家鄉

十九世紀的香港是變化的時代。現代城市在香港建立起
來，對九龍和新界的農業社會來說，都是巨大的衝擊。香港殖民
地的建立間接導致了新界的人口激增，土地和資源更為稀少，但
同時也帶來了新的機會和希望。於是，一批又一批的年青人別過
成長的村莊，在異國生活，又互相扶持。與此同時，又總會記掛
着故鄉，村中的廟要重修，海外的捐款總是紛至沓來。

無論為什麼要出走，無論去到世界什麼角落，這些香港人
都不忘自己的身分。

探

古

尋

廟

引言
──關於參觀古廟：識睇一定係咁睇

大抵在一般人眼中，廟真的沒什麼好看。廟是迷信，廟是老套，廟是千篇一律的「中式建築」。如果不是有宗教信仰，也不會拜神的話，到底為什麼筆者要山長水遠到處去看廟呢？其實我不是以善信的身分入廟的，而是史痴。

廟宇也算是香港最古老的其中一批古蹟。除了最早建於將近八百年前的「大廟」──清水灣佛堂門天后宮外，香港許多小廟都建於雍正、乾隆年間，大大話話有二、三百年歷史，比所有人人稱羨的殖民地建築都要古老。

好了，說這麼多，到底廟要怎麼看？進廟應該要注意什麼？歷史學界流行一句話，叫「入廟找碑」。東亞大部分的道教廟宇內都不難找到牆上的石碑，記錄該廟的興建，或是歷次重修和重建的緣由、經過等。靠着這塊（或有時有很多塊）石碑上的說明，大概已經可以掌握該廟的歷史。

除了這段說明文字外，石碑一般還會有「捐款芳名」，也就是當初捐款給廟宇工程的人和捐款數字，亦即是「眾籌報告」。你或許會說，那不就是一堆名字嗎？有什麼特別呢？仔細想想，

其實可以留意幾件事：第一，捐款人都姓什麼？哪個宗族捐款最多，通常都對該廟以至附近的社區有較大主導權；第二，捐款人來自哪裏？有時碑上會註明捐款者的原居地，可以是附近的村落，或者較遠的地方，甚至是海外。

如果沒有寫捐款者原居地的話，那也可以看捐款的貨幣單位：是銅錢，還是銀兩？前者常用於小額和日常交易，後者則意味着捐款人有貿易生意和屬於繳稅的階層。如果是銀元呢，那就肯定是有對外貿易的經驗了。除了「元／員／圓」和「毫」外，有時還會看到外幣，例如「磅（英鎊）」、「盾（荷蘭盾）」，也就代表早年已移居海外的村民，仍然熱心協助家鄉的事務。

除了石碑以外，入到廟內還有什麼可以看呢？我們之所以能對這些廟宇的建造年份瞭如指掌，主要是因為廟有一個特別之處：幾乎所有重要的物品，都有註明日期。舉凡石碑、香案（即擺放祭品的桌子）、柱上的對聯、銅鐘、雲板（通常放在銅鐘旁邊的一塊銅板）、鼓，以至放在廟外的香爐，通通都刻有製造年份，甚至還有承造的廠商等等。這些文物，很多都有過百年，甚至過二百年的歷史，和廟本身一樣長久。

當然，廟中的主角，自然是正中間供奉的主神。道教的神祇，像接下來幾篇會介紹到的，各有功用，各司其職。而廟宇，經常是一條村莊甚至是一個地區的中心。所以，大家也不妨注意

和思考一下，這座廟所拜的主神，和附近的社區有什麼聯繫呢？是不是這裏的人特別需要某一種神明的保佑？

除了主神之外，不少廟宇也還會有偏廳，供奉其他神祇。同一個神，在甲廟是主神，在乙廟可能只能屈就偏廳，其實也代表着當地人的某些取向。偏廳供奉的有時也不一定是神明，有時還可以是人——祖先，或是對當地有貢獻的英雄之類。廟內繞一圈，其實也可以看到不少故事。

至於外部和內裏的建築風格，更是五花八門，每間廟都不同，卻又一樣精彩。那是另一門專精的學問，不可能在這裏講得清楚，也就只能留待諸位自行探索了。

▲ 打鼓嶺李屋村的〈建橋築路捐助芳名碑〉上，就有以「盾」和「磅」為單位的捐款。

▲ 很多廟內的對聯，都有製作年份，圖為大澳關帝廟。

▲ 坑口天后宮內的銅鐘，可見「道光二十年」（1840年）字樣。

講廣東話的海神：
從大澳洪聖廟說起

▲ 在丹山河旁邊的孔嶺洪聖廟

　　水神是香港最普遍的傳統信仰，就像本章所講的五個神之中，就有三個與海洋有關。而其中最為「本土」的，應該就是洪聖了，皆因他是廣東人，講廣東話的。

有科學精神的神明

　　洪聖到底是何方神聖呢？按最主流的講法，其原是唐朝的番禺刺史，名為「洪熙」。傳說，這位洪先生為官時正直清廉，秉公仗義……（下略），比較重要的是，他同時也具備很豐富的天文和海象知識，幫助不少漁民預測天氣，大概是道教諸神之中比較有科學精神的一位。洪熙死後，受歷代政府追封，成為南海廣利洪聖大王，簡稱「洪聖」。

　　洪聖本來就是廣東人的海神信仰，所以在古代香港社會也相當普遍，雖不及天后廟那麼多，但現存的洪聖廟也有三十多間。大多洪聖廟都建在海邊，但有些讀者可能都會發現，為什麼有時候在內陸地方也會找到洪聖廟呢？像元朗錦田洪聖宮、粉嶺孔嶺洪聖宮等等，都離岸邊很遠。不過，再看看地圖，就豁然開朗了——錦田洪聖宮附近就是錦田河，而孔嶺也有丹山河。昔日的居民也經常划着小船，沿着河流來往各地，因此也需要水神保佑呢！

從軍人到商家：誰有份建廟？

　　鹹、淡水兼擅的洪聖大王，想必在水鄉大澳也是重要的守護神。穿過文物酒店，在大澳少林寺的旁邊，就是這裏的洪聖廟。相比起少林寺，或是比較熱鬧的關帝廟，洪聖廟似乎有所失色，其實大有來頭。廟內牆上有三大塊石碑，皆是記載歷次寺廟重修的捐款芳名。最古老者成於嘉慶七年，即 1802 年。不看尤自可，一看不得了，第一個人名就是「署理大鵬營右部廳梁朝富」。大鵬營就是清朝駐守香港、深圳一帶的軍隊，其下分為左、右部。也就是說，這位捐款給大澳洪聖廟的梁朝富，可是統領香港一半駐軍的高級軍官呀！

　　再看下去，原來大鵬營右部的各級軍官，都跟着長官一同捐款。除了軍官外，還有以水師船隻的名義捐款，像是「椇門甲

巡船」、「橫門巡船」、「蕉門巡船」等。既有巡船，也就意味着大澳是清朝水師的巡邏範圍了。為什麼是大澳？原來大澳在古代本來就是一個貿易中心，各式船隻每天來往大澳和長洲、屯門甚至是珠江三角洲的其他海港。如此交通繁盛之地，當然就要有水師巡邏了。所以在這塊捐款碑上，也可以看到不少商店和民船的名字，例如有「往陳村墟艇」，陳村墟就位於廣東順德。

至於另外兩塊碑，也各有看頭。一塊是道光二十年，即1840年，上面所有的捐款者也是「罟船」。所謂罟（音：古）船者，漁船也。大澳是漁鄉，世代捕魚為業，相信大家都知道。為什麼這次又沒有軍官捐款呢？1840年正值鴉片戰爭期間，我想軍官們應該沒什麼心思捐錢給一間廟了。第三塊碑則是光緒年間刻成的，即1875-1908年之間，捐款者同樣以商號為主，可惜風雨經年，碑文有所殘缺。

受洪聖眷顧的大澳

或許真的受洪聖眷顧，大澳自數百年前就已經是香港其中一個商貿重鎮，去到戰後五、六十年代，也仍然是大嶼山村民買賣農產非常重要的市鎮，直至嶼南道公路通車，大嶼山經濟重心才漸漸轉移到梅窩。當然，大澳也不只是有洪聖坐鎮，關帝、楊侯王、天后等神祇也在大澳有自己的廟。至於少林寺……就要問佛祖了。

▲ 大澳洪聖廟外觀

▲ 洪聖別名把港大王，「把守港口」也，同在大嶼山北岸的沙螺灣就
　有一間把港古廟，不過沙螺灣經常封村，參觀古廟就要碰運氣了。

天后是香港官方宗教？
最古老的清水灣天后廟

▲ 清水灣佛堂門天后廟外觀

　　似乎有很多朋友不知道：其實媽祖和天后是同一個人（神）。媽祖原名叫林默娘，是宋朝福建的一位女性，生來就是一名仙姑，在當地能預知人們禍福，又能駕馭風浪，拯救漁民蒼生。得道成仙後，當地人習慣尊稱女性祖先為「媽祖」，也就將林默娘稱為「媽祖」了。

從媽祖到天后：國家力量推動的信仰

此後媽祖信仰自福建傳播開去，來到廣東，更遠赴海外。日本的「天妃」、越南的「天后婆」，其實都是媽祖。媽祖在元朝被政府封為「天妃」，到清代康熙時再升格為「天后」，因此如今我們常稱「天后」，而不像澳門或台灣稱為「媽祖」。香港雖然很早已經有天后信仰，但真正普及起來卻是十七世紀後的事。

而天后信仰之所以會在十七世紀的香港乃至東亞世界廣泛傳播，實在是康熙皇帝大力推動之故。當時，康熙皇帝為了對付台灣的東寧王國，下令沿海居民內遷。這樣的強迫遷徙政策導致包括香港在內的很多地方大量人口流離失所甚至死亡。所以，在幾年後遷界令結束，居民終於能從流徙的苦難中回到家鄉重新生活時，政府就有必要穩定民心了。而康熙的決定，就是挑選出一位海神，賦予其「保平安」的功能，以國家力量推廣，安撫沿岸生活，以海為鄰的人們。

香港第一古廟

雖然香港絕大部分的天后廟都是在遷界以後才逐漸建立起來的，但在清水灣卻有一間超過七百年歷史的古廟。人稱「大廟」的清水灣佛堂門天后廟建成於 1266 年，是香港最古老的廟宇，也屬於世界上第一批天后廟（最古老的天后廟在福建湄州，

只比香港大廟早二百多年）。同時，大廟又算是香港四大廟之一，與黃大仙祠、車公廟和上環文武廟並稱。

傳說，這（北）佛堂門天后廟原本是在南佛堂門（東龍島）的，但人們前往參拜時卻發現，不論燒多少香，煙霧皆在北邊升起；無論敲多少次鐘，鐘聲卻總是在北邊傳來。「南堂燒香北堂煙，南堂敲鐘北堂響」的說法漸漸流傳，人們相信這是天后娘娘的意思，是要他們把廟搬遷到清水灣那邊去，這才是如今清水灣天后廟的由來。

在歷史悠久的大廟，當然也存放着不少古老的文物。走入廟中，抬頭就是一塊光緒卅四年（1908）的大牌匾，左右柱上即是宣統元年（1909）的對聯。更古老的是 1804 年的鐵香爐，以及 1840 年的銅鐘。即便是放在牆邊的「肅靜」、「迴避」牌，都寫着「光緒廿三年」（1897）。

大廟天后誕：水上人的朝聖之旅

香港一直以來都是大量水上人生活的地方，這些住在船上的人們自然大多都信奉天后娘娘。香港有眾多規模不少、薄有名氣的天后廟，例如是銅鑼灣、油麻地和鯉魚門，但對水上人來說，他們都獨尊這間清水灣大廟。每年農曆三月廿三日的天后寶誕，全香港的水上人都會駕船前往佛堂門，齊集在大廟之前的海

灣，與數以萬計的善信一同慶祝盛典。

　　大廟是舉辦最大型天后誕慶典的地方，因此除了文物外，參觀時也會看到兩艘古船模型，造工精緻，是慶典時祀奉用的。再走入右邊偏廳，則是「天后寢宮」，亦為香港少見的佈置。「寢宮」內有天后龍牀，人們相信摸過龍牀便可得好運，不過如今要摸龍牀則要由廟祝安排，並酌收費用。

　　很多人喜歡去日本參加或觀賞傳統慶典，那是很受歡迎的旅遊節目。不過，其實香港的天后誕慶典也絲毫不輸外地的，明年四月，不妨去一趟大廟感受一下。

▲　偏廳的「天后寢宮」

探　古　尋　廟

▲ 天后廟內的祭祀用古船模型

▲ 天后誕時，香港所有漁船都會齊集天后廟外的海面。

拜關公的人
眞的比較講義氣嗎？
大埔文武廟和大埔墟的故事

▲ 新墟文武廟就在富善街的中段

　　關公大概也是香港最普遍的信仰之一，從市區的文武廟，
到鄉村中的武帝廟、關帝廟和協天宮，通通都是拜同一個人的。
當然，現代香港還有的黑白兩道，也在依賴關公照顧。

爲什麼不拜劉備和張飛？

關公者，自然是三國時代的梟雄，為蜀國打天下的關羽。此人因明代的小說《三國演義》而成為家傳戶曉的人物，也成為了「義氣」的象徵。不過，其實關羽信仰自北宋興起，到成為「義」的近乎唯一代表，已是清朝之後的事。在此之前，其實岳飛也是與關羽並駕齊驅的忠義之神，至今很多地方還保存了岳王廟。不過，對清朝政府來說，民間崇拜一個以「抵抗金人入侵」聞名的神祇，似乎有些不妥，畢竟金人是滿洲人的祖先。所以，和天后相似，關公的信仰也是政府推動的結果。

諸位可能也想問，那為什麼要選關羽？雖然大家都知道劉備未必是很有正氣的人物，但張飛也是可以的吧？筲箕灣的福德廟，就供奉劉、關、張三人，但除此之外，香港境內恐怕就再找不到第二個供奉劉備和張飛的地方了。原來在歷代中國文人的加鹽添醋下，張飛在古代民間的形象已經不再是武神，甚至還變了文人，自然不再強調「義氣」了。

文武廟的故事

那麼，拜關公的人真的比較講義氣嗎？我們看看大埔墟文武廟的故事。文武廟者，「文」是文昌公、「武」就是關公。文武廟為了什麼而建？話說在十九世紀時，在林村河的北岸有一座大

埔墟（也就是今天大埔舊墟遊樂場附近）。這座大埔墟是區內唯一的墟市，凡舉沙田到粉嶺的居民都會到此買賣。不過，大埔墟同時也為大地主龍躍頭鄧氏所壟斷，村民的每一筆買賣，都等於交錢給這個平時欺壓大家的地主。

　　大埔人甚是不滿，卻也沒什麼辦法。直到十九世紀末，終於泰亨有一位叫文湛泉的長老出來主持公道，號召整個大埔的村民團結合力，有錢出錢，有力出力，建立了新的太和市，要在商業上打敗大埔墟。在文湛泉的號召下，整個大埔的五十多條村莊，甚至還包括一些在粉嶺的，共同組成了名為「大埔七約」的聯盟，共同經營在富善街的新墟。後來，太和市成功取代了大埔墟，成為最受歡迎的市場，居民也就索性稱其為大埔新墟，而原來的大埔墟就成了沒落的舊墟。

廣福橋與大埔人的義氣

　　而關於新墟的一切決策和行動，都在墟中心的文武廟進行。走入這間文武廟的庭園，穿過「文昭日月，武鎮山河」的對聯入廟，左邊首先會看見兩塊〈建造廣福橋芳名開列〉的石碑。原來在太和市開業之初生意並不好，因為新墟位於林村河的南岸，對來自北邊的粉嶺、上水居民來說甚為不便，而偏偏該區才是較為富裕，消費力最強的地區。於是大埔人決定再一次發起集資，建造了一條廣福橋連接林村河兩岸，才終於吸引到北岸的人

客。如今所見的廣福橋，已是戰後由政府重建的第四代了呢。湊近碑文一看，第一個捐錢的正是「文湛泉」，其後還有許多來自不同地區的村民以至是商號，都各自慷慨解囊。

除了碑文外，讀者還可以多留意廟內的樑柱，其上懸掛的每一塊牌匾、對聯，都是大埔的村民捐款而來的。大埔的這座文武廟，正正就是居民義無反顧，不惜得罪大地主，也要團結反抗的成果。而大埔七約的範圍內，除了新墟文武廟，還有另外四間關帝廟，包括汀角武帝宮、布心排協天宮、碗窰武帝殿和樟樹灘協天宮。大埔的關帝廟密度，比香港其他地區都高，是巧合？還是大埔人真的比較講義氣？這個疑問，就留給讀者自行找答案了。

▲ 今天的富善街就是當年的大埔新墟

▲ 廟內的〈廣福橋建造芳名碑〉，可見第一個人名就是文湛泉。

▲ 廣福橋如今已是政府出資重建的第四代

▲ 原來的舊墟亦有一間天后廟

太平清醮的舞台：
北帝坐鎮長洲玉虛宮

▲ 長洲玉虛宮外觀

　　雖然基督教和天主教在早期長洲的傳教工作也有相當成果，但不對，這裏講的「上帝」並不是天父，而是「北極玄天上帝」的其中一個簡稱。他的另一個簡稱是「北帝」，相信這稱呼較為人熟悉。

北帝是誰？有沒有東、南、西帝？

北帝是道教「四聖真君」之一，當然也有鎮守其他方位的神，他們是「東極蒼天上帝」、「南極丹天上帝」和「西極素天上帝」，都是侍奉玉皇大帝的神。在政治上，歷代帝王多有推崇北帝，因為北帝也是一個戰神（另有名「真武大帝」）。《廣東新語》記載，漢武帝在攻打嶺南前就是求拜於北帝的。

但另一方面，北方在道教裏屬水，所以北帝也是一個水神。簡單來說，論水神，天后信仰來自福建，洪聖則是廣東神祇，而潮汕人出海多拜北帝。北帝既能駕馭波浪，保得漁民平安，亦掌管北極星，為商船指引路向。要知道，長洲在近代以前，一直都是商貿大港呢。

瘟疫與太平清醮

話說 1777 年左右，長洲島上爆發瘟疫，島民死亡無數，兼恐慌四起。當時的長洲人多來自潮州海陸豐，他們連夜駛船回到故鄉，從海陸豐把北帝神像「請」到長洲安放。自此北帝在島上斬除疾病妖孽，瘟疫消失。從長洲到海陸豐是二百公里之遙，其實也不得不佩服長洲人的毅力，只希望他們沒有把傳染病帶到潮州。

但自從瘟疫消失，長洲人便在島上興建了一座玉虛宮，供奉北帝。玉虛者，玉虛師相也，你知道的，每個道教神祇都有上千萬個稱號。除了建廟之外，人們也決定每年舉辦太平清醮，以盛大的慶典來酬謝北帝拯救長洲的恩情。所以，今天已成傳統節目的長洲太平清醮，就是在玉虛宮舉行，島上其他廟宇的天后、關帝、觀音等神也會被「迎接」到此拜會北帝（大概除了天主教的上帝以外）。

由於長洲玉墟宮是潮汕人所建，因此建築上也採用閩南的風格。雖然乍看之下未必察覺得到，但這間香港最大的北帝廟並不像一般的粵式廟宇。這裏沒有太多屋簷下的壁畫，卻有很多精緻的浮雕。

充滿傳說的古廟

走入廟內，最古老的文物是一把一千年歷史的鐵劍，相傳是宋帝昺逃離蒙古大軍追逐期間，乘船駛經長洲，一位大將軍將它拋下海，以「鎮壓風浪」。然後數百年過去，一位長洲漁民在海中撈得此劍，便供奉在廟中，不過鐵劍在大海中竟能存在上千年而不鏽蝕，就信不信由你了。

到了日治時期，村民說曾經有一名日軍搶去了這把鐵劍要據為己有，但不久之後卻無端斃命，他的同袍嚇得連忙將鐵劍送

回。而到了七十年代，鐵劍突然消失，這次倒是沒有死人，但鐵劍後來就被人在路邊發現，想來應是有賊人一時貪念偷去，卻又未敢收藏，遂棄之。

　　北帝想來喜歡故弄玄虛。話說十九世紀末有一次，颱風大作，毀壞了玉虛宮，連北帝神像也被吹落海（奇怪，北帝不是能駕馭風浪的嗎？）。稍後，竟在大嶼山梅窩的海灘上尋回。但奇怪在，每次長洲派人來梅窩索回神像，總會在回程時遇上風浪，神像又會再次落海，然後又神奇地出現在梅窩。如是者來回三次，梅窩居民大惑不解，只好舉行儀式，詢問北帝本人到底在想什麼。據說，擲聖杯的答案，是北帝自己喜歡梅窩，不要回長洲了。於是梅窩人只好就地供奉這尊神像，到了 1992 年另建一座廟，就是大地塘北帝宮了。

▲ 玉虛宮屋簷下的閩南風格浮雕

南宋江山的守護神？
九龍城侯王廟與前清遺老的幻想

▲ 九龍城侯王廟今天依然香火鼎盛

　　全香港一共有十九間供奉侯王的廟，其實也不算少。問題是，除了第一個建立侯王廟的人外，其實自古至今都沒有人知道侯王的真正身分是誰，唯一可以肯定的就只有侯王姓楊。

楊侯王到底是誰？

依據一個較少人提及的傳說，楊侯王竟是香港人——年幼虛弱的宋帝落難來到九龍時，想是受驚過度，加上舟車勞頓，患上重病，幸得住在土瓜灣一位稱作楊二伯公的村民出手相救，才（暫時）倖免於死。後來宋室群臣要嘉許這位土瓜灣街坊，便在九龍城設廟供奉，就是九龍城侯王廟了。

也有人認為他其實是北宋「楊家將」之一的楊六郎，但按主流講法，楊侯王其實是宋朝國舅楊亮節。這位楊大將軍保護宋帝昺有功，即使身患重病，依然堅持指揮軍隊抵抗蒙古人，是以生前封侯，死後封王。如果你相信這個版本的話，那麼車公廟的車公就是楊侯王麾下的一員大將，也有份護送宋帝來港的。

問題是，史書記載楊亮節在福建就已經脫隊，其後流落金門，根本就沒有隨宋帝來到香港。

前清遺老的感情投射

那麼楊亮節一說到底從何而來？廟內有一幅〈重修楊侯王宮碑記〉，是一個叫羅世常的文人在 1822 年寫的，其中提到「侯王助法護宋」，但又沒說侯王是誰。而第一個提出楊侯王就是楊亮節的，是陳伯陶。陳伯陶原本是科舉探花，也是清國的高

官，是清末教育現代化的推手。不久，辛亥革命爆發，清朝被推翻。陳伯陶義不食中華民國的粟，不肯在新政府任職，便來到香港，在九龍城住了下來。

失意的陳伯陶感懷清朝故國已亡，便將這些情緒投射在學術文章之上。他在九龍城生活，發覺附近的宋皇臺石，對末代宋帝落難九龍的故事大感興趣，不但考證了宋皇臺的由來，也認定了附近九龍城侯王廟所拜的就是楊亮節。如今廟外還有一塊〈侯王廟聖史碑記〉，便是出自陳伯陶的手筆，他甚至還說楊亮節為了保護宋帝，就死在九龍城。

九龍寨城旁邊的廟

除了像陳伯陶那樣的前清遺老外，九龍城一帶的村民也同樣透過這間侯王廟與中國建立聯繫。清朝在一八四〇年代修建九龍寨城，而侯王廟就在旁邊。此後，九龍司巡檢許文深在 1847 年上任，立即就捐了一個鐵香爐，也就是今天廟門前紅色的那個。之後侯王廟再次重修是在 1859 年，村民也邀得駐紮九龍寨城的軍官和文官分別捐款。

廟內有四大塊牌匾，固然都歷史悠久，但仔細一看，有三塊都是清朝的軍政官員所捐的。再看牌匾的內容：「國強民安」、「濯濯厥靈」（出自《詩經》，形容商朝國王武丁十分威武）。一般

廟宇，善信基本上但求平安，最多也只是求財，所以牌匾多為「風調雨順」之類，「國強」與否，君王是否威武，通常居民也不怎麼關心。九龍城侯王廟規模雖小，但歷史上充滿着「國族想像」與「本地生活」之間的張力，遠遠不只是宗教場所。

▲ 廟前紅色的鐵香爐，就是由九龍司巡檢許文深捐出。

▲ 廟內的「國強民安」、「濯濯厥靈」牌匾

▲ 置於廟外的〈侯王廟聖史碑記〉和其他石碑

參考資料／延伸閱讀

1. Ali, Jason R. and Ronald D. Hill, "Feng Shui and the Orientation of Traditional Villages in the New Territories, Hong Kong, China", *Journal of the Royal Asiatic Society Hong Kong Branch,* Vol. 45. 2005. 27-39.

2. Braga, José Maria, *China Landfall, 1513: Jorge Alvares' Voyage to China – A Compilation of some Relevant Material.* Lisbon: Imprensa Nacional, 1955.

3. Cheung, Sui Wai, *Colonial Administration and Land Reform in East.* Abingdon: Routledge, 2017.

4. Coates, Austin, *A Macao Narrative.* Hong Kong: University of Hong Kong Press, 2009.

5. Faure, David, *The Structure of Chinese Rural Society: Lineage and Village in the Eastern New Territories, Hong Kong.* Hong Kong: Oxford University Press, 1986.

6. Garrett, Richard, *The Defences of Macau: Forts, Ships and Weapons over 450 Years.* Hong Kong: Hong Kong University Press, 2010.

7. Hase, Patrick, "A Village War in Sham Chun", *Journal of the Hong Kong Branch of the Royal Asiatic Society,* Vol. 30, 1990. 265-281.

8. Hase, Patrick, "Beside the Yamen: Nga Tsin Wai Village", *Journal of the Royal Asiatic Society Hong Kong Branch,* Vol. 39. 1999. 1–82.

9. Hase, Patrick, "Cheung Shan Kwu Tsz（長山古寺）: An Old Buddhist Nunnery in the New Territories, and Its Place in Local Society", *Journal of the Hong Kong Branch of the Royal Asiatic Society,* Vol 29. 1989. 121-157.

10. Hase, Patrick, "Sha Tau Kok in 1853", *Journal of the Hong Kong Branch of the Royal Asiatic Society,* Vol 30, 1990. 287-291.

11. Hase, Patrick, "Ta Kwu Ling, Wong Pui Ling and the Kim Hau Bridges", *Journal of the Hong Kong Branch of the Royal Asiatic Society,* Vol 30, 1990. 257-265.

12. Hase, Patrick, "West Kowloon before the British", unpublished, 2021.

13. Hase, Patrick, *Custom, Land and Livelihood in Rural South China: The Traditional Land Law of Hong Kong' s New Territories, 1750–1950.* Hong Kong: University of Hong Kong Press, 2013.

14. Hase, Patrick, *Settlement, Life and Politics: Understanding the Traditional New Territories.* Hong Kong: City University of Hong Kong Press: 2020.

15. Hase, Patrick, *The Six Day War of 1899: Hong Kong in the Age of Imperialism.* Hong Kong: University of Hong Kong Press, 2008.

16. Hayes, James, "Old British Kowloon", *Journal of the Royal Asiatic Society Hong Kong Branch,* Vol. 6. 1966. 120-137.

17. Hayes, James, "Royal Asiatic Society: A Visit to Tsuen Wan, Saturday, 10th December 1977: A Village War", *Journal of the Hong Kong Branch of the Royal Asiatic Society,* Vol. 17, 1977. 185-198.

18. Hayes, James, *The Hong Kong Region 1850-1911: Institutions and Leadership in Town and Countryside.* Hong Kong: University of Hong Kong Press, 2012.

19. Hayes, James, *The Rural Communities of Hong Kong.* Hong Kong: Oxford University Press, 1983.

20. Ip, Hing Fong, "An Historical Geography of the Walled Villages of Hong Kong", MPhil Dissertation, University of Hong Kong. 1995.

21. Kuhn, Phillip, *Rebellion and Its Enemies in Late Imperial China*. Cambridge: Harvard University Press: 1970.

22. Ljungstedt, Anders, *An Historical Sketch of the Portuguese Settlements in China*. New York: James Munroe, 1836.

23. Murray, Dian, *Pirates of the South China Coast, 1790-1810*. Stanford: Stanford University Press, 1987.

24. Palmar, Michael, "The Surface-Subsoil Form of Divided Ownership in Late Imperial China: Some Examples from the New Territories of Hong Kong", *Modern Asian Studies,* Vol. 21, No. 1. 1987. 1-119.

25. Watson, James, "Slavery as An Institution: Open and Closed Systems", *Asian and African Systems of Slavery,* ed. James Watson. Berkeley: University of California Press: 1980. 1-15.

26. Wills, John, *China and Maritime Europe, 1500–1800: Trade, Settlement, Diplomacy, and Missions*. Cambridge: Cambridge University Press, 2010.

27. 余振宇：《九龍海岸線》香港：中華書局，2015 年。

28. 劉智鵬：《展拓界址：英治新界早期歷史探索》香港：中華書局，2011 年。

29. 卜永堅：〈抗租與迎神：從己卯年（1999）香港大埔林村鄉十年一度太平清醮看清代林村與龍躍頭鄧氏之關係〉，《華南研究資料中心通訊》第 18 期，2000 年。

30. 危丁明：《仙蹤佛迹：香港民間信仰百年》香港：三聯書店，2019 年。

31. 夏思義：〈對《抗租與迎神》一文的回應〉，《華南研究資料中心通訊》第 19 期 2000 年。

32. 張瑞威：〈宗族的聯合與分歧：竹園蒲崗林氏編修族譜原因探微〉，《華南研究資料中心通訊》第 28 期，2007 年，頁 1-8。

33. 盧燕珊：《Driving Lantau: Whisper of an Island——大山與人》香港：MCCM Creations，1998 年。

34. 科大衛、陸鴻基、吳倫霓霞：《香港碑銘彙編》香港：香港歷史博物館，1986 年。

35. 華琛、華若璧：《鄉土香港：新界的政治、性別及禮儀》香港：香港中文大學出版社，2011 年。

36. 葉靈鳳：《張保仔的傳說和真相》香港：中華書局，2011 年。

37. 蕭國健：《災患與香港史》香港：顯朝書室，2009 年。

38. 蕭國健：《粵東名盜張保仔》香港：顯朝書室，1992 年。

39. 蕭國健、卜永堅：〈袁永綸著《靖海氛記》釋文〉，《田野與文獻》第 46 期，2007 年。頁 1-49。

40. 郎擎霄：〈清代粵東械鬥史實〉，《嶺南學報》第 4 期第 2 號，1935 年。頁 103-152。

41. 鄭嬋琦：《香港三世書之再世書——盧亭考古新發現》香港：香港藝術中心，1998 年。

42. 高添強、鍾寶賢：〈「龍津橋及其鄰近區域」歷史研究〉，研究報告，2012 年。

43. 魯金：《香港東區街道故事》香港：三聯書店，2019 年。

古事尋源

殖 民 地 以 外 你 要 知 道 的 事

作　　　　　者	香港古事記
助 理 出 版 經 理	周詩韵
責 任 編 輯	葉秋弦
封 面 及 美 術 設 計	簡雋盈
內 文 排 版	簡雋盈、陳逸朗
圖　　　　　片	香港古事記
出　　　　　版	明窗出版社
發　　　　　行	明報出版社有限公司
	香港柴灣嘉業街 18 號
	明報工業中心 A 座 15 樓
電　　　　　話	2595 3215
傳　　　　　真	2898 2646
網　　　　　址	http://books.mingpao.com/
電 子 郵 箱	mpp@mingpao.com
版　　　　　次	二〇二一年十二月初版
	二〇二二年七月第二版
I　S　B　N	978-988-8688-20-3
承　　　　　印	美雅印刷製本有限公司